잃어버린 교회를 찾아서

잃어버린 교회를 찾아서

김병삼 지음

교회성장연구소

Contents

Part.7

뜨거운 신앙으로 라오디게아 교회에게 177

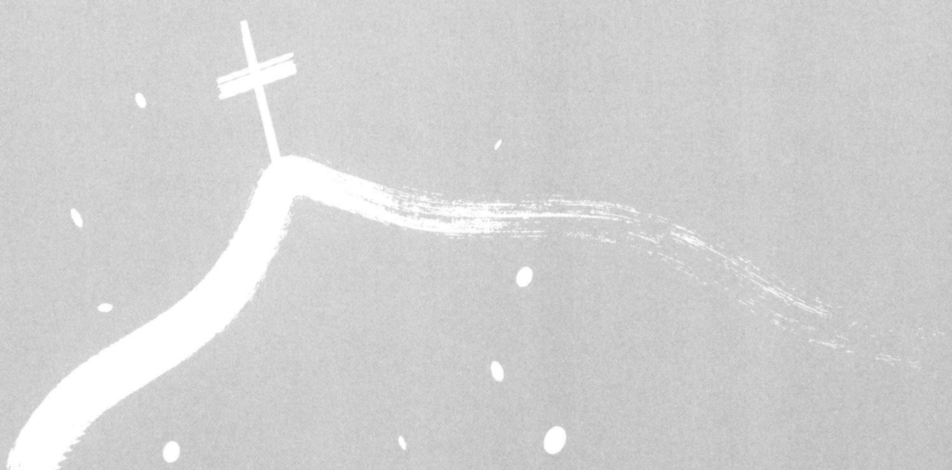

| 저 자 서 문 |

교회의 회복을 꿈꾸며

여러분에게 교회는 어떤 존재입니까?

저는 하나님께서 교회에 주시는 메시지가 무엇일까를 깊이 묵상하면서 하나님의 마음은 "교회가 무엇을 일하느냐?" 보다는 "하나님의 길을 어떻게 가느냐?"에 있다는 것을 깨닫게 하셨습니다.

이러한 고민을 가지고 소아시아 일곱 교회를 찾아 성도들과 함께 성지순례를 떠나게 되었습니다. 그런데 기대감을 가지고 떠난 성지순례에서 교회의 흔적이 별로 남아있지 않다는 사실에 놀랐습니다. 그리고 기억 속에서만 존재하는 교회의 터를 바라보면서 마음이 아팠습니다.

아마도 당시 사도 요한이 밧모 섬에서 소아시아에 있는 일곱 교회에 편지를 보냈을 때는 그 교회가 대표적인 교회들이었을 겁니다. 그런데 지금은 단지 그곳에 교회가 있었다는 것을 기억할 뿐입니다. 저는 그곳에서 하나님의 능력과 말씀이 사라져 버린 교회는 그 끝이 이렇게 초라하고 비참할 수 있다는 것을 깨닫게 되었습니다.

하나님의 영이 떠나면 교회는 사라집니다.

그래서 '잃어버린 교회를 찾아서' 떠나는 이번 여행은 교회를 사랑하시고, 회복하기를 원하시는 주님의 사랑을 발견하고, 소아시아 일곱 교회의 모습을 통해 좀 더 솔직하고 진지하게, 그리고 경각심을 가지고 우리의 신앙과 한국 교회가 나아가야 할 방향을 점검하게 될 것입니다.

이 책의 제목처럼 '잃어버린 교회를 찾아서' 떠나는 여행의 진짜 목적은 어쩌면 한국 교회를 잃어버리지 않기 위함인지도 모릅니다. 빛을 잃고 사명을 잃어 더는 존재할 이유가 없어진 교회, 그래서 주님께 쓰임 받지 못한다고 근심하는 교회에 이 책이 사용되기를 바랍니다.

소아시아 일곱 교회가 받았던 칭찬과 질책, 권면의 말씀은 당시의 교회뿐만 아니라 오늘날 교회에도 필요합니다. 그래서 이미 과거가 되어버린 교회를 다시 떠올리는 것이고, 과거에서 길을 찾으려는 것입니다. 이러한 노력이 미래를 향해 나아가야 하는 우리에게 가장 지혜로운 발걸음이 될 것이라고 믿습니다.

만나교회 김병삼 목사

Part.1

첫사랑의 뜨거움으로

에베소 교회에게

1에베소 교회의 사자에게 편지하라
오른손에 있는 일곱 별을 붙잡고
일곱 금 촛대 사이를 거니시는 이가 이르시되
2내가 네 행위와 수고와 네 인내를 알고
또 악한 자들을 용납하지 아니한 것과 자칭 사도라 하되
아닌 자들을 시험하여 그의 거짓된 것을 네가 드러낸 것과
3또 네가 참고 내 이름을 위하여 견디고 게으르지 아니한 것을 아노라
4그러나 너를 책망할 것이 있나니 너의 처음 사랑을 버렸느니라
5그러므로 어디서 떨어졌는지를 생각하고 회개하여 처음 행위를 가지라
만일 그리하지 아니하고 회개하지 아니하면
내가 네게 가서 네 촛대를 그 자리에서 옮기리라
6오직 네게 이것이 있으니 네가 니골라 당의 행위를 미워하는도다
나도 이것을 미워하노라
7귀 있는 자는 성령이 교회들에게 하시는 말씀을 들을지어다
이기는 그에게는 내가 하나님의 낙원에 있는
생명나무의 열매를 주어 먹게 하리라

계 2:1-7

초등학교 5학년 어린이가 '소나기'로 지은 삼행시를 페이스북에서 봤습니다.

소: 소방차가 불난 집 불을 끈다.
나: 나는 신나게 구경을 했다.
기: 기절했다. 우리 집이었다.

누군가 이 글을 보고 이렇게 적었습니다. "내 집이 아니라고 구경할 수 있는가?"

교회에 대한 말씀을 준비하면서 이 글을 보게 되었는데 오늘날 우리는 내 교회만을 생각하는 것이 아니라 이 땅 위에 있는 수많은 교회를 내 교회로 생각하고 함께 고민해야 한다는 생각을 했습니다.

저에게는 믿음이 하나 있습니다. 교회가 주 안에서 바로 서면 가정이 바로 설 수 있고, 가정이 올바로 믿음 가운데 세워지면 이 민족에 소망이 있고 열방에 소망이 있다는 겁니다. 역사를 바라보면 복음이 들어가는 곳에는 분명히 부흥의 역사가 일어났습니다. 하지만 그 복음이 퇴락해가는 과정에서 열방도, 민족도 함께 퇴락했음을 보게 됩니다.

Introduction

칼 바르트는 교회를 다음과 같이 설명합니다.

"교회는 세상의 방식과 전혀 다른 새로운 표지, 세상과 충돌하지만, 가능성으로 충만한 길을 가리키는 표지를 이 세상에 세우기 위한 존재이다."

그렇습니다. '교회'는 세상과 달라야 합니다. 교회의 능력은 세상과 다를 때 드러납니다. 오늘날 교회의 능력이 사라지고, 성도의 권세가 땅에 떨어진 이유는 교회가 세상과 같은 가치관을 가졌기 때문입니다.

사도 요한이 밧모 섬에서 보았던 환상은 교회를 향한 예수님의 날카로운 채찍에 초점이 맞춰진 것이 아니라 교회를 사랑하시고, 회복하기를 원하시는 주님의 사랑이 초점입니다. 그래서 소아시아 일곱 교회의 모습을 보면서 좀 더 솔직하고 진지하게, 경각심을 가지고 우리의 신앙과 한국 교회가 나아가야 할 방향을 점검해야 합니다. 이 말씀이 단순히 건물을 향한 말씀이 아니라 우리의 신앙을 향한 말씀으로 들리기 시작할 때, 비록 우리가 아픔을 느낄지는 모르지만 더 큰 회복을 경험할 것입니다.

요한계시록에서 소아시아에 있는 일곱 교회에 편지를 보냈을 때는 당시 대표적인 교회들이었지만, 지금은 흔적만 남아 있습니다. 이것을 통해 하나님의 능력과 말씀이 사라져 버린 교회는 이렇게 초라하고 비참할 수 있다는 것을 새삼 느끼게 됩니다.

소아시아에 보낸 편지는 사도 요한이 밧모 섬에 유배를 당한 뒤 그곳에서 하나님의 계시를 받아 기록했는데 학자들의 추정으로는 AD 81-96년 사이라고 합니다. 역사적으로 로마 제국의 유명한 10대 박해가 이 시기에 일어났습니다. AD 64년 네로 황제의 박해로부터 시작하는데, 요한계시록이 쓰인 시기는 도미티안 황제에 의해 많은 그리스도인이 핍박을 받고 죽임을 당한 때였습니다.

사도 요한이 밧모 섬에서 유배당하며 편지를 쓰게 된 이유를 요한계시록 1장 9절에서 이렇게 말씀합니다. "하나님의 말씀과 예수를 증언하였음으로 말미암아" 그가 붙잡혔다는 것입니다. 즉 그리스도만이 경배를 받으셔야 할 분이라고 선포하다가 섬에 유배되어 고난을 겪었고, 당시에 많은 사람에게 그러한 위협 가운데 있을 때 어떻게 신앙을 지켜야 하는지를 보여주었습니다.

사도 요한이 갇혀 있던 '밧모 섬'은 거칠고 황량한 바위섬으로, 로마를 대적한 정치범들을 잡아서 감옥살이를 시키던 곳으로 유명합니다. 중요한 것은 그 거친 바위투성이의 외로운 섬에서 요한은 하나님을 가까이하면서 놀랍게도 신비로운 새 하늘과 새 땅을 보았습니다. 여기서 우리가 깨달을 수 있는 것은 고난은 개인적이든, 교회적이든, 혹은 국가적이든 하나님을 바라보게 하는 가장 중요한 기회가 된다는 것입니다.

일곱 편지 중 첫 번째 수신자는 에베소 교회로 지리적으로 밧모 섬에서 제일 가까운 곳입니다. 밧모 섬에서 편지를 소지한 사람이 100킬로미터만 똑바로 항해하면 에베소 항구에 닿을 수 있었습니다. 에베소 사람들은 자신들이 사는 곳을 '아시아의 수도'라고 부를 정도로 자부심이 대단했습니다.

사도행전 19장의 내용을 보면, 에베소 교회는 사도 바울이 제3차 선교여행 때 곧바로 에베소에 가서 2년 반 정도 머무는 동안 집집마다 찾아다니며 복음을 전했습니다.

"여러분, 여러분은 왜 손으로 만든 피조물을 섬깁니까? 살아계신 하나님, 이것을 지으신 하나님을 믿어야 하지 않겠습니까?"라고 대중 앞에서 강연을 하며 복음을 전파했을 때, 아데미 신전의 은 신상 매출이 하락했고 신상을 만드는 상점들이 장사가 되지 않았습니다. 그래서 그 사람들이 데모를 하며 폭동을 일으켰습니다.

저는 이 말씀을 보면서 '야, 이게 예수를 믿는 게 아니겠는가?' 생각했습니다. 예수 믿는 사람 한 명이 그곳에 머물 때 그 사람으로 인하여 시장과 경제를 뒤흔들 수 있고, 사람의 가치관을 뒤흔들 수 있는 것 그것이 예수를 믿는 사람의 능력이요, 영향력입니다.

오늘날 교회가 이 땅과 가정에 아무런 영향력을 끼치지 못하고 있다면, 뭔가 잘못된 것입니다. 사실은 예수를 믿는 것 때문에 '거룩한 소동'이 일어나야 합니다. 예수를 믿는 것 때문에 그렇지 못한 가치관을 가진 사람들이 깨지는 거룩한 소동이 일어나야 합니다. 당시 에베소 교회에 복음이 전해졌을 때 사회적인 영향력은 상당했던 것을 알 수 있습니다. 이후 사도 바울은 에베소를 떠나면서 디모데에게 교회를 맡겨, 사역을 감독하고 복음의 진리를 수호하게 했습니다.

에베소 교회를 찾아오신 주님

사도 요한이 밧모 섬에서 에베소 교회에 편지하면서 자신에게 이 편지를 기록하여 보내라고 말씀하신 분을 이렇게 소개합니다.

> 13촛대 사이에 인자 같은 이가 발에 끌리는 옷을 입고 가슴에 금띠를 띠
> 고 14그의 머리와 털의 희기가 흰 양털 같고 눈 같으며 그의 눈은 불꽃
> 같고 15그의 발은 풀무불에 단련한 빛난 주석 같고 그의 음성은 많은 물
> 소리와 같으며 16그의 오른손에 일곱 별이 있고 그의 입에서 좌우에 날

선 검이 나오고 그 얼굴은 해가 힘있게 비치는 것 같더라 계 1:13-16

오늘도 살아 계셔서 교회에 대하여 말씀하시는 예수 그리스도는 정말 대단한 위엄과 권세를 가지신 분이십니다. 그분이 입으신 '끌리는 옷과 가슴의 금띠'는 구약시대에 대제사장들이 입던 '에봇'을 말하는데, 이것은 그분이 죄인을 위한 영원한 대제사장의 사역을 감당하고 있음을 의미합니다. 또 '불꽃같은 눈과 많은 물소리 같은 음성' 즉, 세상의 모든 것을 꿰뚫어 보시는 정확한 판단력을 가진 눈과 불가항력적인 권위와 위엄을 나타내는 음성은 하나님의 위엄과 높으신 권세를 의미합니다. 그러므로 사도 요한은 그분의 모습을 설명하면서 '하늘의 영광과 존귀를 모두 가지신 분'임을 다시 한 번 강조합니다.

요한계시록 2장 1절에서 "오른손에 있는 일곱 별을 붙잡고 일곱 금 촛대 사이를 거니시는 이"로 다시 한 번 예수님의 모습을 이야기한 것은, 세상 모든 교회의 주권자는 바로 예수 그리스도임을 설명하기 위함입니다. 오른손에 '일곱 별을 붙잡고'라는 것은 주님의 이름으로 지상에 세워진 모든 교회를 돌보시고 지키신다는 뜻입니다. 또 그 사이를 '거니시는 분'이라는 것은 오늘도 살아 계셔서 교회의 모든 것뿐만 아니라, 세상의 모든 것까지도 다 주관하시는 분이라는 표현입니다.

[2]내가 네 행위와 수고와 네 인내를 알고 또 악한 자들을 용납하지 아니한 것과 자칭 사도라 하되 아닌 자들을 시험하여 그의 거짓된 것을 네가 드러낸 것과 [3]또 네가 참고 내 이름을 위하여 견디고 게으르지 아니한 것을 아노라 계 2:2-3

에베소 교회는 다양한 활동을 하는 칭찬받을 만한 교회였습니다. 특별히 '수고'라는 말 속에 그들이 어려운 사람을 위해서 많이 봉사했을 것을, '인내'라는 말 속에 그들이 많은 박해를 받았으리라는 것을 추측할 수 있습니다. 더욱이 사도 바울이 떠나고 난 후에 기독교인 때문에 입은 손해 때문에도 핍박받았을 것이고, 그곳이 이교의 중심이었던 것을 생각한다면 그들의 신앙을 지키기가 결코 쉽지 않았을 것입니다.

또한, 사도 바울과 디모데를 통해 말씀을 잘 훈련받은 그들은 거짓 선지자들에게 쉽게 농락당하지 않을 정도로 '분별의 은사'도 있었습니다. 자칭 사도라 하는 자들을 시험하여 거짓을 드러낼 정도로 말입니다.

첫사랑 VS 타성

예수님은 에베소 교회를 향하여 "내가 네 행위와 수고와 네 인내를 알고 또 악한 자들을 용납하지 아니한 것과 자칭 사도라 하되 아닌 자들을 시험하여 그의 거짓된 것을 네가 드러낸 것과 또 네가 참고 내 이름을 위하여 견디고 게으르지 아니한 것을 아노라"(계 2:2-3) 라고 칭찬하셨습니다. 그런데 이러한 칭찬의 이유가 곧 드러납니다.

그러나 너를 책망할 것이 있나니 너의 처음 사랑을 버렸느니라 계 2:4

에베소 교회를 향하여 책망할 것이 있다는 겁니다. 그것은 "너의 처음 사랑을 버렸노라!" 즉 주님을 향한 처음 사랑을 버렸다는 책망입니다.

과거 컴퓨터 업계의 선두 주자였던 IBM 컴퓨터사의 공급업체였던 인텔(Intel)사의 앤디 그로브(Andy Grove) 회장은 IBM에 대해서 이렇게 말한 적이 있습니다.

"IBM은 지속적으로 컴퓨터 업계에서 선두 고지를 점령해 온 회사이다. 그러나 IBM 간부들은 이 오랜 세월의 승리에 도취된 채 살아왔다. 시대가 바뀌고 시장이 바뀌었는데도, 그들은 제품 개발과 경쟁력 향상에서 과거에 자신들이 쓰던 것과 똑같은 방식을 고집했다."

사실 앤디 그로브의 IBM에 대한 지적은 정확했습니다. IBM사의 간부들은 자만에 빠져서, 세월이 흘렀는데도 과거의 기술과 비즈니스 전략을 수정할 생각을 하지 않았습니다. 그래서 디자인의 혁신적인 변화에도 둔감했고, 컴퓨터 안의 하드웨어 프로그램인 오퍼레이션(OS: Operation System)도 옛날 방식을 택했고, PC 판매의 주류를 차지하는 도매상과 소매상들에게 아주 교만한 자세를 취함으로 IBM으로부터 등을 돌리게 하였습니다. 결국, 1986년 '포춘'지 선정 미국 제1위의 그룹이었던 IBM은 7년 만인 1993년에는 206위로 추락하는 수모를 겪었습니다.

이처럼 타성은 대단히 무섭습니다. 지금은 세계 1위를 다투는 건실한 기업으로 회생했지만 지난 2009년 파산 위기에 처해, 무려 500억 달러(약 60조 원)에 달하는 미국 정부 구제 금융을 지원받기로 하고 대대적 구조조정을 해야 했던 미국 최대 자동차 기업 제너럴모터스(GM)를 비롯한 많은 자동차 회사가 겪은 엄청난 위기는 현재에 안주하려는 타성이 가져온 결과였습니다. 이것은 단지 기업에만 해당하는 것이 아니라 우리의 모든 삶의 영역에 똑같이 해당됩니다. 타성은 우리의 영혼을 병들게 하고 야성을 죽입니다.

신앙에서도 가장 존경받는 사람이 누구일까요? 가장 존중받는 교회가 어디일까요? 예수님과의 첫사랑을 유지하기 위해 끊임없이 변화하는 사람, 타성에 젖지 않는 교회입니다. 우리는 변하지 않는 사랑을 위해 우리가 변화되어야 합니다. 날마다 변화하는 이 세상 가운데서 끊임없이 대응해야 합니다. 예수님은 과거에만 계신 분이 아니라 끊임없이 우리와 함께 미래를 향해 가시는 분이기 때문입니다.

우리는 내가 받았던 사랑을 간직하면 될 거라고 생각하지만 사실은 그 사랑이 날마다 새롭게 해석되지 않으면, 우리가 받았던 사랑은 습관이 되어 버립니다. 나도 모르는 사이에 바리새인처럼 은혜가 되었던 찬송, 도전을 주었던 말씀, 그것 외에는 받아들이지 못하는 타성에 젖는다면 첫사랑을 회복하기가 어렵습니다.

우리는 에베소 교회를 향한 칭찬을 들었습니다. 어쩌면 예수님의 사랑을 경험한 사람들에게서 나오는 당연한 행위이고, 그것이 크리스천의 가장 큰 덕목이라고 생각할 수 있습니다. 그런데 어느 날 우리의 모습을 보니 타성에 젖어 있습니다. 습관이 되어 버린 것입니다. 이제 '본질'은 사라지고 껍데기만 남은 것입니다. 모양은 있는데 내용이 없는 위선적인 모습이 되어 버린 것입니다.

이것에서 우리가 도전받아야 할 것이 무엇입니까? 신앙의 연수가 오래 될수록 내 경험만을 고집하는 것이 얼마나 두려운 일인지를 깨달아야 합니다. 첫사랑의 감동과 감격이 사라졌기 때문에 눈물이 메마르고, 수고하고 인내하는 것이 힘든 것입니다.

그런데 예수님은 교회와 계속해서 새로운 사랑의 관계 속에 있기를 간절히 원하고 계십니다. 왜냐하면, 예수님께서 교회를 사랑하시기 때문입니다. 생각해 보십시오. 어떻게 야곱이 한 여자를 얻기 위해 7년 동안 노동을 할 수 있었을까요? 그 여인에 대한 사랑이 그만큼 컸기 때문입니다. 교회도 마찬가지입니다. 당시 초대교회는 많은 박해를 받았지만 예수님을 사랑하는 마음으로 견뎠습니다.

제가 주례를 할 때 자주 하는 말이 있습니다. '사랑'은 어느 날 감정을 타고 우리에게 다가오지만, 그 사랑을 유지하기 위해서는 '의지'가 필요하다는 것입니다. 예수님과의 사랑의 관계도 마찬가지입니다. 우리를 사랑하셔서 택하셨기 때문에 그 사랑이 지속되기를 원하십니다.

어떤 상담자와 내담자 간에 이런 대화가 오고 갑니다.

"아내를 사랑하십시오."

"더 이상 감정이 없습니다."

"그래도 아내를 사랑하셔야 합니다."

"이해를 못 하시는군요. 사랑하는 감정이 남아 있지 않습니다."

"사랑의 감정이 없다면, 그 때문에라도 아내를 사랑하셔야 합니다."

사랑이 감정이라고만 생각하면 기분이 좋을 때는 사랑이 뜨겁고, 기분이 나쁠 때는 사랑이 식습니다. 하지만 사랑이 의지의 선택이라고 생각한다면 꾸준히 사랑할 수 있습니다.

첫사랑을 회복하라

첫사랑을 회복해야 하는 하나님의 뜻은 무엇일까요? 그것은 다시 우리를 사용하기 위해서입니다. 요한계시록 2장 5절에서는 첫사랑을 회복하기 위한 세 가지 방법을 이야기합니다.

> 그러므로 어디서 떨어졌는지를 생각하고 회개하여 처음 행위를 가지라 만일 그리하지 아니하고 회개하지 아니하면 내가 네게 가서 네 촛대를 그 자리에서 옮기리라 계 2:5

이 말씀에는 세 개의 중요한 동사가 나오는데, 첫째, '생각하라!'(Remember)는 것입니다. 왜? 어디서? 언제? 믿음이 바닥을 치게 되었는지 생각해 보라는 것입니다. 둘째, '회개하라!'(Repent)입니다. 회개란 빗나간 자리에서 돌이키는 것을 말합니다. 하나님이 기뻐하지 않는 잘못된 자리에서 하나님께서 기뻐하시는 복된 자리로 나오는 것을 의미합니다. 셋째, 처음 행위로 '회복하라!'(Restore)입니다. 주님께로 돌아왔으면 주님이 원하시는 삶을 살아야 합니다.

첫사랑의 회복을 원한다면, 생각하고 회개하고 회복하는 것, 이 3R(Remember, Repent, Restore)을 잘해야 합니다. 만약 그렇게 하지 않을 때, 주님께서 '촛대'를 옮겨 놓겠다고 말씀하셨습니다.

에베소 교회가 첫사랑을 회복하지 않으면 하나님은 에베소 교회가 감당할 사명을 다른 교회로 옮기겠다고 하셨습니다. 우리 교회가 사명을 잘 감당하지 못하면, 하나님의 복은 다른 교회로 옮겨간다는 것입니다. 각자의 사명을 감당하지 못하면, 우리에게 주실 하나님의 복을 다른 사람에게 옮겨 놓겠다는 것입니다. 이것은 무서운 경고의 말씀입니다.

결국, 첫사랑을 회복하지 못한 에베소 교회는 무너지고 말았습니다. 이것을 통해서 우리가 깨달을 수 있는 것은 아무리 귀한 직분을 받았다 할지라도 주님에 대한 첫사랑을 잃은 사람은 촛대가 옮겨지는 아픔을 경험한다는 것입니다.

그렇다면 우리가 회복해야 하는 '열심'은 무엇입니까? 왜 하나님께서 지금 나를 사용하시지 않는지 심각하게 생각해 봐야 합니다. 그리고 우리를 사랑하시는 하나님의 열심이 더욱 위대하다는 것을 알아야 합니다. 사랑의 하나님께서는 죄인들을 구원하시기까지 열심히 일하실 뿐 아니라 구원받은 성도들을 위해서도 계속해서 일하고 계십니다. 성령으로 구원받은 성도들에게는 말씀하시며, 끊임없이 기도에 귀를 기울이시며, 인도하십니다. 하나님은 절대 쉬지 않으십니다.

하나님께서는 낙심과 절망으로 주저앉아 있는 엘리야에게 위로자로 오셨습니다. 로뎀나무 아래에서 낙심하며 죽기를 원하는 엘리야에게 떡과 물을 주시고 쉬게 하셨습니다. 물이 없는 사막으로 쫓겨나 방황하던 하갈과 이스마엘에게도 오셔서 그들을 도우셨습니다. 또 금 신상에게 절하지 않는다는 이유로 풀무 불에 던져진 다니엘의 세 친구(사드락, 메삭, 아벳느고)를 하나님께서는 외면하지 않으시고 아무런 상처도 나지 않도록 그들을 지켜 주셨습니다. 이처럼 하나님은 당신의 백성을 위하여 절대 쉬지 않으십니다. 그래서 시편 기자는 이렇게 고백했습니다.

> 3여호와께서 너를 실족하지 아니하게 하시며 너를 지키시는 이가 졸지
> 아니하시리로다 4이스라엘을 지키시는 이는 졸지도 아니하시고 주무시
> 지도 아니하시리로다 5여호와는 너를 지키시는 이시라 여호와께서 네
> 오른쪽에서 네 그늘이 되시나니 6낮의 해가 너를 상하게 하지 아니하며
> 밤의 달도 너를 해치지 아니하리로다 7여호와께서 너를 지켜 모든 환난
> 을 면하게 하시며 또 네 영혼을 지키시리로다 8여호와께서 너의 출입을
> 지금부터 영원까지 지키시리로다 시 121:3-8

이처럼 성경은 바로 '하나님의 열심'에 관한 기록으로 가득 차 있습니다. 그리고 우리에게도 이러한 열심 있는 삶을 요구하시고 찾으십니다. 그래서 제자들을 선택할 때도 부지런한 사람들을 찾으셨습니다. 밤새도록 그물을 던지며 열심히 사는 베드로와 안드레를 부르셨고, 찢어진 그물을 열심히 깁고 있던 야고보와 요한을 불렀습니다.

삶의 현장에서 열심히 노력하는 우리를 하나님은 사명자로 부르시고, 사용하십니다. 그것이 우리에게 얼마나 벅찬 일입니까?

기억하고 생각하는 것에는 두 가지 종류가 있습니다. 과거의 습관을 추억하며 옛사람으로 돌아가는 것과 잃어버린 사랑을 회복하기

위해 잊힌 하나님의 은혜를 추억하는 '기억'입니다. 성경은 곳곳에서 기억하라는 말씀을 합니다. 사실 '예배'는 우리에게 행하신 하나님의 역사를 수없이 반복해서 기억하고 고백하는 것입니다. 우리를 향한 하나님의 사랑을 잊지 않기 위해서 말입니다.

우리가 과거를 기억할 때, 그 기억 속에서 우리의 모습을 보게 됩니다. 우리를 사랑하신 그 사랑에 응답하기에는 너무나 멀어진 우리의 모습을 볼 수 있어야 합니다. 그래야 '회개'할 수 있습니다. 회개는 '방향을 바꾼다'는 뜻으로 우리의 모든 죄를 단호히 배척하는 것입니다. 이것은 단순한 감정적인 경험을 이야기하는 것이 아니라, 실제 삶에서 돌이키고 처음 행위를 가지라는 것입니다. 그때 가졌던 감격을 회복하라는 것입니다. 회복은 계속 반복돼야 하는 사건입니다. 우리는 회개하지 않으면 촛대를 옮기신다는 무서운 말씀을 기억해야 합니다.

교회에서 빛이 사라지면 사명이 끝난 것이고 더는 존재할 이유가 없어집니다. 하나님께서는 존재가 없어진 교회에서 사명의 물꼬를 틀어버리십니다. 부름을 받았지만, 사명을 감당하지 못하는 교회는 주님이 쓰시지 않으시기 때문입니다.

생각열기

※ 교회에 대한 여러분의 생각을 알아보기 위한 질문입니다. 아래의 물음에 솔직하게 대답하십시오.

1. 우리 교회의 장점은 무엇입니까?

1)____

2)____

3)____

2. 우리 교회가 고쳐야 할 점이 있다면 무엇입니까?

1)____

2)____

3)____

배워보기

사도 요한이 밧모 섬에서 보았던 환상들은 교회를 향한 예수님의 날카로운 채찍에 초점이 맞춰진 것이 아니라 교회를 사랑하시고, 회복하기를 원하시는 주님의 사랑에 초점을 맞추고 있습니다.

에베소 교회를 찾아오신 주님

1. 주님의 모습 : 오른손에 일곱 별을 붙잡고 일곱 금 촛대 사이를 거니시는 분

에베소 교회의 사자에게 편지하라 오른손에 있는 일곱 별을 붙잡고 일곱 금 촛대 사이를 거니시는 이가 이르시되 계 2:1

2. 에베소 교회를 향한 칭찬

1) 수고 : 어려운 사람을 위해서 많은 봉사를 한 교회
2) 인내 : 많은 박해에도 신앙을 지킨 교회
3) 분별의 은사 : 자칭 사도라 하는 자들을 시험하여 거짓을 드러냄

[2]내가 네 행위와 수고와 네 인내를 알고 또 악한 자들을 용납하지 아니한 것과 자칭 사도라 하되 아닌 자들을 시험하여 그의 거짓된 것을 네가 드러낸 것과 [3]또 네가 참고 내 이름을 위하여 견디고 게으르지 아니한 것을 아노라 계 2:2-3

첫사랑 VS 타성

1. 에베소 교회를 향한 책망 : "너의 __________을 버렸노라!"

그러나 너를 책망할 것이 있나니 너의 처음 사랑을 버렸느니라 계 2:4

1) 신앙의 가장 무서운 적 : 타성
- '본질'은 사라지고 껍데기만 남은 것
- 모양은 있는데 내용이 없는 위선적인 모습

2) 예수님이 원하는 사랑

예수님은 교회와 계속해서 새로운 사랑의 관계 속에 있기를 원하십니다. 왜냐하면, 예수님께서 교회를 사랑하시기 때문입니다.

3) 변하지 않는 사랑

사랑을 유지하기 위해서는 '의지'가 필요합니다.

첫사랑을 회복하라

그러므로 어디서 떨어졌는지를 생각하고 회개하여 처음 행위를 가지

라 만일 그리하지 아니하고 회개하지 아니하면 내가 네게 가서 네 촛대를 그 자리에서 옮기리라 계 2:5

1. __________하라!(Remember)

왜? 어디서? 언제? 믿음이 바닥을 치게 되었는지 생각해 보십시오. 그리고 왜 사랑이 식게 되었는지 그 이유를 생각해 보십시오.

2. __________하라!(Repent)

회개란 빗나간 자리에서 돌이키는 것을 말합니다. 하나님이 기뻐하지 않는 잘못된 자리에서 하나님께서 기뻐하시는 복된 자리로 나오는 것을 의미합니다.

3. __________하라!(Restore)

주님께로 돌아왔으면 계속해서 주님이 원하시는 삶을 살아야 합니다. 에베소 교회가 첫사랑을 회복하지 않으면 하나님은 에베소 교회가 감당할 사명을 다른 교회로 옮겨 놓겠다고 말씀하셨습니다. 각자에게 있는 사명을 감당하지 못하면, 우리에게 주실 하나님의 복이 다른 사람에게 옮겨질 것입니다. 이것은 무서운 경고의 말씀입니다.

내 삶에 적용하기

1. 내가 생각하는 교회는 세상과 어떤 점이 달라야 한다고 생각합니까?

2. 에베소 교회는 "너의 처음 사랑을 버렸노라"라는 책망을 듣습니다. 바로 주님을 향한 처음 사랑을 버렸다는 말입니다. 나는 주님을 향한 처음 마음이 그대로 입니까? 아니면 타성에 젖어 있습니까?

3. 예수님이 교회와 계속해서 새로운 사랑의 관계 속에 있기를 원하셨던 것처럼 우리가 주님을 향한 처음 사랑을 회복하기 위해서 무엇을 생각하고, 무엇을 회개하고, 무엇을 회복해야 하는지 적어봅시다.

생각할 것 : ____________________

회개할 것 : ____________________

회복할 것 : ____________________

묵상&기도

사도 요한은 교회를 사랑하시고 회복하기를 원하시는 주님의 사랑으로 에베소 교회에 편지를 보냅니다. 에베소 교회는 수고와 인내, 분별의 은사가 있었습니다. 그러나 처음 사랑을 버렸다는 책망과 함께 처음 사랑을 회복하지 않고, 회개하지 않으면 촛대를 옮기겠다는 무서운 경고의 말씀을 듣습니다.

◆ 묵상 질문

경험을 앞세워 고집을 부리거나 감격이 사라져 버린 신앙의 모습이 나에게는 없습니까? 사랑이 없는 수고와 인내의 모습은 없습니까? 부르심을 받았지만, 사명을 감당하지 못하는 교회에게 하나님은 촛대를 옮기겠다고 말씀하십니다. 나의 열심에도 불구하고 하나님께서 나를 사용하지 않으시는 이유는 무엇이라고 생각합니까?

◆ 깊이 묵상하기

지침

1. 주님께 질문하십시오.
2. 믿음을 가지고 그분의 응답을 기다리십시오.
3. 하나님이 응답하시면, 그것이 당신의 삶에서 갖는 의미가 무엇인지 생각해 보십시오.
4. 주님의 생각에 당신의 선택과 행동을 일치시키겠다고 구체적으로 고백하십시오.

◆ 주님과 대화하기

지침

기도 제목을 나누십시오.

묵상 노트

Part.2

참된 부요를 알다

서머나 교회에게

[8]서머나 교회의 사자에게 편지하라
처음이며 마지막이요
죽었다가 살아나신 이가 이르시되
[9]내가 네 환난과 궁핍을 알거니와
실상은 네가 부요한 자니라
자칭 유대인이라 하는 자들의 비방도 알거니와
실상은 유대인이 아니요 사탄의 회당이라
[10]너는 장차 받을 고난을 두려워하지 말라
볼지어다 마귀가 장차 너희 가운데에서 몇 사람을 옥에 던져
시험을 받게 하리니 너희가 십 일 동안 환난을 받으리라
네가 죽도록 충성하라 그리하면 내가 생명의 관을 네게 주리라
[11]귀 있는 자는 성령이 교회들에게 하시는 말씀을 들을지어다
이기는 자는 둘째 사망의 해를 받지 아니하리라

계 2:8-11

『레미제라블』은 프랑스의 유명한 작가 빅토르 위고가 쓴 소설책입니다. 정말 하찮은 범죄로 19년을 감옥에서 살았던 사람의 이야기로 정원사로 일하면서 온 가족을 부양해야 했던 한 가장이, 일을 마치고 귀가하던 중 막 구운 빵이 진열된 빵집 앞을 지나다가 그것을 훔치게 된 이야기로 시작합니다. '레 미제라블'이라는 뜻은 '불쌍한 사람들'이라는 말입니다. 그런데 빅토르 위고가 이 책을 쓰고는 잘 팔렸는지 궁금해서 출판사에 편지를 썼습니다.

"?"

출판사에서 온 답신은 아주 간단했습니다.

"!"

무슨 뜻이었을까요? "이 책이 잘 팔립니까?" 그랬더니 "의외로 잘 팔리네요!"라는 의미였다고 합니다. 바로 이 편지가 기네스북에 기록된 가장 짧은 편지입니다. 편지를 쓰는 사람이나 답장을 하는 사람에게는 어떤 목적 혹은 의도가 있습니다. 문제는 이것을 올바로 이해해야 오해도 없고, 긍정적인 일이 발생한다는 것입니다.

그래서 사도 요한이 서머나 교회에 보낸 이 편지에서도 우리가 얼마나 제대로 예수님의 마음을 이해하느냐는 중요합니다.

박해와 고통 속에서 견디다

주님은 사도 요한을 통해서 서머나 교회에 두 번째 편지를 보내십니다. 첫 번째 편지는 에베소로 보내졌는데, 밧모 섬에서 에베소까지 거리가 100km 정도였습니다. 그다음 가까운 내륙으로 서머나까지 약 80km 정도 됩니다.

서머나는 현재 완전히 폐허가 되어버린 에베소와는 달리 여전히 무역과 경제, 문화의 중심지로서 크게 쓰임을 받고 있는 도시입니다. 사도 요한이 이 편지를 쓸 당시에만도 인구가 20만 명 정도가 살고 있었으니 이 도시가 얼마나 크고 화려한 도시였는지를 알 수 있습니다. 이 서머나는 현재 '이즈미르'라고 불리는 도시입니다. '미르'라는 말이 '몰약', '향내'라는 의미가 있습니다. 이 향료는 시체에 넣는 방부제 역할을 하거나 집안에 깊이 배어 있는 냄새를 제거하는데 사용되는데, 저는 그곳을 지나면서 영적이고, 은유적인 묵상을 했습니다.

“하나님, 저 서머나 지역에서 풍겼던 그리스도인의 향기는 무엇일까요?”

사도행전 19장에 보면, 에베소 교회에서 사도 바울이 선교한 이야기가 나오는데 서머나 교회가 세워진 것에 대한 배경은 성경 어디에도 나오지 않습니다. 추측하건데, 사도 바울이 에베소에서 3년 가까이 선교할 때 아마 그 영향으로 서머나에도 교회가 세워졌을 것입니다.

에베소와 서머나, 모든 소아시아 일곱 교회가 그 당시에 같은 고통과 고난, 핍박 가운데 있었는데 어떻게 서머나 교회는 칭찬받는 교회가 되었을까요?

희랍 신화에 ‘사이렌’(Siren)이라는 여신이 나옵니다. 잘 모르는 분은 카페 ‘스타벅스’ 로고에 새겨진 머리카락이 긴 여자의 얼굴을 생각하면 됩니다. 신화에 따르면, ‘사이렌’은 이탈리아 남부 해변에서 감미로운 노래를 불렀는데 그 노랫소리가 너무나 아름다워 노랫소리에 홀린 사람들이 그쪽으로 배를 몰고 가서 그만 암초에 좌초 되어 배가 파손되고, 사람들이 죽었다고 합니다.

‘스타벅스’가 ‘사이렌’을 로고로 쓰게 된 이유가 바로, ‘향기’로 사람들을 유혹하겠다는 의미에서입니다. 당시에 영웅이었던 ‘오디세우스’가 그곳을 지나가게 되었는데 어떻게 ‘사이렌’의 소리에 현혹되지 않을까 고민하다가 그는 자기를 기둥에 묶고, 사공들의 귀를 납으로 막고 그곳을 지나갔다고 합니다.

그런데 그 당시에 또 다른 영웅이었던 '오르페우스' 역시 그곳을 지나가게 되었을 때, 그는 자신을 묶거나 귀를 막은 것이 아니라 대신 정말 아름다운 목소리로 선원들에게 노래를 불러주었습니다. 그래서 '사이렌' 소리가 들림에도 사공들이 '오르페우스'의 노래 소리를 들으면서 그곳을 안전하게 지나가게 되었습니다.

서머나 교회의 모습이 바로 이와 같았습니다. 그 시대를 휩쓸고 있었던 박해와 죽음으로 이끄는 모든 일 가운데 신앙인들이 귀를 막거나 자신을 억지로 묶어 놓기보다, 오히려 그 박해와 어려움을 이길 수 있는 신앙의 굳건한 소리를 들으며 믿음으로 나아갔던 것입니다.

내가 안다

요한계시록 2장 8절 말씀에 보면 예수님께서 사도 요한을 통해서 자신을 이렇게 표현하십니다.

… 처음이며 마지막이요 죽었다가 살아나신 이가 이르시되 계 2:8

왜 예수님은 자신을 그렇게 소개하셨을까요? 당시 서머나 교회는 죽음의 위협 가운데서 고통을 겪었습니다. 바로 그런 사람들에게 예수님은 "나도 너희처럼 고난당하고 십자가의 죽음을 당했지만 내가 다시 살아났다. 너희가 고난을 당하고 있지만, 내가 너희의 고난을 안다"고 말씀하신 것입니다.

우리는 예수님을 어떻게 고백하고, 예수님의 어떤 음성을 들으며 신앙생활을 하고 있습니까? 제가 사람들에게 오해를 받고 어려움을 겪었을 때 불렀던 찬양이 있습니다.

"마음이 어둡고 괴로울 때 주님 예수님을 나 생각해요.
머리 둘 곳조차 없으시던 혼자 기도하시던 주님 생각해요."

제가 참 힘든 시간을 보낼 때, 머리 둘 곳조차 없으셨던 예수님께서 혼자 기도하시던 모습을 생각하니 그 모습이 제게 큰 위로가 되었습니다.

"맞아! 예수님도 참 많이 아프셨지."

사람이 몸이 약해지면, 마음도 같이 약해지는 것 같습니다. 몸도 마음도 많이 약해져 있던 저에게 들려주셨던 주님의 음성이 '내가 안다'였습니다. 하나님이 아신다는 겁니다.

서머나 교회의 고통과 어려움과 순교 가운데서 우리 주님이 그들에게 하고 싶었던 말씀이 무엇일까요? 바로 "너희가 환란과 핍박 가운데 있지만, 내가 너희를 알고 내가 너희의 고통을 안다. 그리고 십자가의 고통 가운데에서 다시 살아난 예수 그리스도가 너희와 함께 있다."는 말씀 아니었을까요? 바로 그 말씀이 서머나 교인들에게 끝까지 칭찬받는 교회가 되는 원동력이 되었습니다.

세상이 알아주지 않을 때, 아무도 이해하지 못할 때, 누구도 우리에게 만족을 줄 수 없을 때, 우리의 아픔과 슬픔의 짐을 누구도 나누어 짊어주지 않을 때, 다시 살아나신 우리 주님이 함께하신다는 것이 서머나 교인들에게 얼마나 큰 힘이 되었을까요?

아마도 '내 영혼이 은총 입어'(새찬송가 438장)라는 찬양이 저를 비롯하여 서머나 교회에도 힘이 되지 않았을까요?

"내 영혼이 은총 입어 중한 죄짐 벗고 보니
슬픔 많은 이 세상도 천국으로 화하도다
할렐루야 찬양하세 내 모든 죄 사함 받고
주 예수와 동행하니 그 어디나 하늘나라
할렐루야 찬양하세 내 모든 죄 사함 받고
주 예수와 동행하니 그 어디나 하늘나라"

너희가 실상은 부요한 자다

서머나 교회의 시련과 고통 가운데 우리 주님은 그들을 칭찬하셨습니다.

내가 네 환난과 궁핍을 알거니와 실상은 네가 부요한 자니라 자칭 유대인이라 하는 자들의 비방도 알거니와 실상은 유대인이 아니요 사탄의 회당이라 계 2:9

"내가 너희의 환난과 궁핍을 안다"고 하는 이 말씀에서 '환난'은 영어로 'affliction' 또는 'tribulation'이라는 단어입니다. 이것은 '죽을 만큼 힘든 고통', '괴로움', '끊임없이 이어지고 있는 시련'을 의미합니다.

우리는 종종 묻습니다. "예수를 잘 믿고, 성경의 가르침대로 살아가려고 하는데 나에게 왜 이런 고난이 오나요?", "왜 이런 핍박을 당해야 하나요?", "고난을 당하지 않고는 예수를 믿을 수가 없나요?", "거룩함을 지키려고 하는데 왜 이런 일들이 일어나나요?"

어쩌면 이런 물음을 가진 서머나 교회를 바라보며 예수님께서는 "그래 내가 너희의 고통을 안다. 내가 너희의 아픔을 안다. 그것이 너희가 나를 따르는 흔적이다. 그것이 너희가 나를 따를 때 보여야 하는 것이다."라고 말씀하신 것입니다.

당시 서머나 교회의 사람들은 상업이 발달한 도시에서 예수를 믿는 것 때문에 필연적으로 어려움을 겪어야 했습니다. 황제를 믿고, 그를 '주'로 고백했다면 그들이 그곳에서 살아가는데 아무 문제가 없었을 텐데 황제를 '주'로 시인하지 않고, 예수님을 '주'로 시인하는 것 때문에 절대 주류 사회에 들어갈 수가 없었습니다. 그들은 마음대로 장사도 할 수 없었고, 사업할 수 있는 높은 자리에 올라갈 수도 없었습니다. 예수를 믿는다고 고백하는 것 때문에 그들은 궁핍함에 처할 수밖에 없었습니다.

예수를 믿지 않았다면 사람을 속이고 어느 정도 이득을 취하고 살아갈 수 있었을 텐데 예수를 '나의 주'라고 고백했기 때문에 누구를 속일 수도, 누군가를 밟고 일어서서 이익을 취할 수도 없습니다. 예수님을 '주'로 고백하는 그 순간부터 물질의 풍요로움이 그들에게서 사라져버렸습니다.

그때 주님께서 믿음을 지키기 위해서 당하는 환난과 궁핍을 가진 서머나 교회에 그들의 고통을 알고 계신다고 말씀하십니다. '실상은 너희가 부요한 자'라는 것입니다. 비록 육신적으로는 너희가 가난하다고 할지라도 하나님 나라에서는 부유한 자라는 것입니다

우리가 인생을 살면서 불안하지 않았던 때가 있었습니까? 지금은 풍요롭지만, 이 물질적인 풍요로움이 언제 사라질지 모르고 이 안락한 삶이 언제 끝날지도 모릅니다.

예수를 믿는다는 것이 무엇입니까? 예수를 믿는 것 때문에 우리가 필연적으로 당하게 되는 그 고난의 흔적과 상처가 우리를 불행하게 하는 것이 아닙니다. 예수 그리스도만이 우리에게 소망이 되셔서 새 생명을 주신다는 것을 믿되, 실상은 우리가 부요한 자임을 믿어야 합니다.

영원한 고난은 없습니다!

예수님은 서머나 교회가 당한 환난과 궁핍을 아시고 이렇게 위로하십니다.

> 너는 장차 받을 고난을 두려워하지 말라 볼지어다 마귀가 장차 너희 가운데에서 몇 사람을 옥에 던져 시험을 받게 하리니 너희가 십 일 동안 환난을 받으리라 네가 죽도록 충성하라 그리하면 내가 생명의 관을 네게 주리라 계 2:10

간혹 우리는 하나님께 이런 질문을 합니다. "하나님, 마귀가 우리를 시험한다 할지라도, 어떻게 믿는 사람들이 이런 어려움을 당할 수 있는 건가요?" 세계 도처에서 일어나는 천재지변을 바라보며 "하나님, 어떻게 이런 일이 일어날 수 있는 건가요? 우리는 예수님을 믿기 때문에 그런 고통이 일어나도 우리는 안전해야 되는 것 아닌가요?", "쓰나미가 오더라도 물결이 이상하게 갈라져 교회는 싹 빗겨가는 일이 일어나야 하지 않나요?", "우리가 하나님을 믿는 이유는 복을 받기 위함 아닌가요?", "감당할 수 없는 어려움을 피해보고 싶어서 이렇게 예배하는 것 아닌가요?", "하나님 뭔가 비정상적인 것 아닌가요?"라고 묻습니다.

그런데 주님이 사도 요한을 통해서 말씀하시는 겁니다. "아니! 너희 가운데 몇 사람이 고난을 받을 것이다." 서머나 교회의 모든 사람이 고난을 받은 것도, 순교를 당한 것도 아닙니다. 그 중에 몇 사람이 순교를 당하고, 고난을 당했습니다.

"너희 가운데 몇 사람이 고난을 받을 것인데, 10일 동안 고난을 받을 것이다."라는 구절을 유진 피터슨의 메시지 성경에서는 이렇게 표현하고 있습니다. "너희 중에 몇 사람이 감옥에 가게 될 것인데" "for a time of testing", "시험의 기간 동안 너희들이 그곳에 있게 될 것이다." 그러나 "It won't last forever." "그러나 영원하지는 않을 것이다."

우리가 고난을 받을 수 있습니다. 그러나 우리 주님이 말씀하십니다. "너희 중에 고난을 받는 자가 있을 것이나 영원하지는 않을 것이다. 하나님께서 이기게 하실 것이다. 하나님께서 너희에게 상급을 주실 것이다."

당시 유대인들은 자신들의 신앙을 지키면서 로마의 속국으로 살아가는데 별 지장이 없었습니다. 왜냐하면, 제사도 드리고 황제를 '주'라 시인하면, 그들이 하는 일을 다 할 수 있었기 때문입니다. 소위 로마 정부의 '팍스로마나'(Pax Romana)라고 하는 평화 정책을 폈기 때문에 다스리는 나라들의 풍습을 다 인정했습니다. 그런데 유일하게 예수를 믿는 사람만이 "황제는 우리의 '주'가 아닙니다."라고 선언했기 때문에 그들은 고난을 당해야 했습니다.

유대인들의 불만은 그들이 황제도 섬기고 제사도 드리며 잘 지냈는데, 예수를 믿는 단 한 사람 때문에 덩달아 고통을 당하는 것입니다. 그래서 예수를 믿지 않는 유대인들로부터 당하는 고통이 더 심했습니다. 어쩌면 예수를 믿었던 유대인들에게 그것은 더 견디기 힘든 일이었을지 모릅니다. 같은 민족 때문에 당하는 고통, 같은 민족이 자신들을 죽게 만드는 잔인한 일들을 눈으로 보았기 때문입니다.

그런데 그런 일들이 오늘날 우리 교회 안에서도 비일비재하게 일어나고 있습니다.

제가 몇 달 전, 어느 지방에 집회를 갔을 때입니다. 그 목사님과 함께 차를 타고 가는 데 잘 지어놓은 교회가 보였습니다. 그런데 교회 문이 잠겨 있어서 물었습니다. "저 교회는 다 지은 것 같은데, 왜 문을 닫았나요?" 상황을 들어보니 교회를 짓는 중에 용도변경 등의 문제가 있었답니다. 문제는 시에서 그것을 풀어주려고 하는데, 옆에 있는 교회들이 절대로 풀어주면 안 된다고 반대를 한다는 겁니다. 교회뿐만이 아니라 우리 역시도 똑같이 예수를 믿으면서 나 아닌 누군가가 축복받는 것을 견디기 힘들어 합니다. "하나님, 왜 저 사람에게는 축복을 주시고, 제게는 고난을 주십니까?"라고 묻습니다.

우리가 아무리 예수를 믿어도 세상에서 보이는 축복은 축복이고, 세상에서 보이는 고난은 고난으로 똑같이 보이기 때문에 누군가가 복을 받는 것이 용납 되지 않습니다. 그리고 그것 때문에 다른 성도의 가슴에 비수를 꽂는 말들을 하며, 상처를 입힙니다.

우리는 성도 중에 기존의 예수 믿는 사람들 때문에 마음에 상처를 입고, 믿음을 버리고 교회를 떠나는 것을 종종 봅니다. 그것이 초대교회에만 있었던 일이 아니라 오늘날 교회에도 동일하게 있습니다.

그런 우리를 향해 주님께서 하시는 말씀이 있습니다. “내가 안다. 네가 그 사람 때문에 어려움 당하고, 네가 그 사람 때문에 마음 아파하고, 그 사람 때문에 상처 받는 것 내가 안다. 그러니까 염려하지 마. 그 가운데서 네 신앙을 지켜!”

주님이 말씀하시는 것은 “죽도록 충성하라. 그리하면 내가 너희에게 생명의 면류관을 주리라”는 것입니다.

끝까지 충성하라

죽도록 충성하라는 것이 무엇입니까? 죽으라는 것입니까? 아닙니다. 끊임없이 충성하라는 것입니다. 중단하지 말라는 것입니다. 우리가 신앙생활을 시작했으면 그 믿음을 끝까지 지킬 때 우리 주님께서 생명의 면류관을 주시겠다는 약속입니다.

디모데후서 4장 7-8절 말씀에서 사도 바울이 이렇게 고백합니다.

> [7]나는 선한 싸움을 싸우고 나의 달려갈 길을 마치고 믿음을 지켰으니 [8]
> 이제 후로는 나를 위하여 의의 면류관이 예비되었으므로 … 딤후 4:7-8

충성하는 것은 참 어렵습니다. 내게 닥친 어려움이 크고, 생각했던 것이 이루어지지 않을 때 그 시련을 이겨내는 것은 결코 쉬운 일이 아닙니다. 충성은 하루 이틀에 증명되지 않지요. 또한, 좋은 모습을 끝까지 유지하는 것도 쉽지 않습니다. 그래서 저는 장로님, 권사님들을 바라보며 "끝까지 좋은 장로님으로 남아주세요. 좋은 권사님이 되시고, 끝까지 좋은 성도가 되어 주세요."라고 늘 말하곤 합니다. 왜냐하면, 하나님 앞에 변함없이 믿음을 지켜서 하늘의 상급을 받을 수 있는 사람이 되기를 바라기 때문입니다.

서머나 교회를 생각할 때, 꼭 기억해야 할 사람이 '폴리갑'입니다. 156년에 폴리갑이 순교를 합니다. 그가 많은 사람에게 존경을 받은 사람이었기에 황제도 그를 죽이는 것에 대해 부담이 있어서 그를 회유합니다.

"폴리갑, 네가 예수를 주라 시인하지 않고 황제를 주라 시인한다면 너를 살려주겠다. 그러지 않으면 사자를 풀어서 죽이겠다." 하지만 폴리갑은 두려워하지 않습니다. 그가 사자를 두려워하지 않자 이제는 나무에 묶어 놓고 불을 질러서 화형을 시키겠다고 협박하며, 다시 한 번 회유합니다.

"폴리갑, 네가 예수를 주가 아니라고 시인한다면 너를 살려주겠다." 그때 폴리갑이 유명한 말을 남깁니다.

"내 인생 86년 동안 주님은 한 번도 나를 모른다고 부인하지 않으셨는데, 내가 어떻게 이 자리에서 주님을 모른다고 부인하겠습니까?"

그렇게 그는 죽음을 맞이합니다. 우리는 폴리갑의 죽음을 바라보며 그를 실패자라고 말하지 않습니다. 그는 죽음 앞에서 끝까지 믿음을 지켰고 하나님이 어떤 분이신지를 자신의 죽음을 통해 증명했습니다.

그래서 우리는 이렇게 이야기할 수 있습니다.

"고난은 참 된 교회의 표증입니다."

고난이 없으면 교회의 참 된 표증이 나타나지 않습니다. 고난이야말로 우리 신앙의 보증수표입니다. 우리가 교회에서 흔히 하는 말이 있습니다.

"고난이 선물입니다."

이 말에 아멘이 되십니까? 믿지 않는 사람들이 듣는다면, 이런 이상한 소리가 어디 있겠습니까? 어떻게 고난이 선물입니까? 우리가 고난 받으려고 예수 믿는 것입니까?

그러나 고난이 없으면 내 신앙이 증명되지 않기 때문에 고난이 선물입니다. 부활의 소망을 가지고 두 번째 죽음을 맞이하지 않을 사람들에게는 고난이 선물입니다. 고난이 선물이라는 이 신앙의 진리를 이해하지 못하고 우리가 어떻게 예수 믿는다고 이야기할 수 있겠습니까? 고난은 하나님이 내게 주신 자산입니다. 하나님은 대개 완벽하게 갖춘 사람보다 고난 중에 다져진 사람을 사용하십니다. 하나님의 생각은 사람의 생각과 다릅니다. 우리는 그 사람이 무엇을 하는 사람이냐를 보지만, 하나님은 그 사람이 어떤 사람인지를 보십니다. 고난 가운데 신앙을 지키고 준비된 사람을 쓰시기 원하십니다.

생각열기

※ 아래의 이야기를 읽고 다음의 질문에 솔직하게 대답하십시오.

희랍 신화에 '사이렌'(Siren)이라는 여신이 나옵니다. 잘 모르는 분은 카페 '스타벅스' 로고에 새겨진 머리카락이 긴 여자 얼굴을 생각하면 됩니다. 신화에 따르면, '사이렌'은 이탈리아 남부 해변에서 감미로운 노래를 불렀는데 그 노랫소리가 너무나 아름다워 노랫소리에 홀린 사람들이 그쪽으로 배를 몰고 가서 그만 암초에 좌초 되어 배가 파손되고, 사람들이 죽었다고 합니다. '스타벅스'가 '사이렌'을 로고로 쓰게 된 이유가 바로, '향기'로 사람들을 유혹하겠다는 의미입니다. 당시에 영웅이었던 '오디세우스'가 그곳을 지나가게 되었는데 어떻게 '사이렌'의 소리에 현혹되지 않을까 고민했습니다. 그래서 '오디세우스'는 자기를 기둥에 묶고, 사공들의 귀를 납으로 막고 그곳을 지나갑니다. 그런데 그 당시에 또 다른 영웅이었던 '오르페우스' 역시 그곳을 지나가게 되었을 때, 그는 자신을 묶거나 귀를 막은 것이 아니라 대신 정말 아름다운 목소리로 선원 들에게 노래를 불러주었습니다. 그래서 '사이렌' 소리가 들림에도 사공들이 '오르페우스'의 노래 소리를 들으면서 그곳을 안전하게 지나가게 되었습니다.

나는 나의 믿음을 흔드는 세상의 소리에 '귀를 막는 방법'으로 반응합니까? 아니면 오히려 그 유혹을 이길 수 있는 '신앙의 굳건한 소리를 더 크게 듣는 방식'으로 반응합니까?

배워보기

서머나 교회 : 박해와 고통 속에서도 주님께 칭찬 받았던 교회

서머나 교회를 비롯한 당시의 초대교회 공동체는 예수를 '주'로 시인한다는 이유로 갖은 어려움을 당했습니다. 특별히 서머나는 상업이 발달한 도시였습니다. 로마 황제를 믿고, 황제를 '주'라고 고백하면 그들이 장사하고 돈을 버는 데 아무 문제가 없었습니다. 그러나 그리스도인들은 오직 예수님만을 '주'로, '왕'으로 고백하는 사람입니다. 바로 그 이유 때문에 그들은 주류 사회에 들어갈 수 없었고 마음대로 장사도 할 수 없었습니다. 결국 그들은 예수를 믿는다는 이유로 궁핍에 처할 수밖에 없었습니다.
뿐만 아니라 관계적인 어려움도 있었습니다. 당시 서머나 지역에 있었던 유대인들이 예수를 믿는 유대인들을 핍박하고 정죄했습니다. 그리스도인이 된 유대인 때문에 덩달아 자신들까지도 사회적인 불이익을 당한다는 것이 그 이유였습니다. 같은 민족이었지만, 오히려 그들이 그리스도인들을 밀고하고 죽음으로 이끌었습니다. 이런 박해와 어려움, 궁핍함 가운데 서머나 교회는 예수님께 칭찬을 받는 교회가 되었습니다.

칭찬받는 그리스도인 되기

1. 우리는__________보다___________에 더 귀를 기울여야 합니다.

> 서머나 교회의 사자에게 편지하라 처음이며 마지막이요 죽었다가 살아나신 이가 이르시되 계 2:8

서머나 교회는 죽음의 위협 가운데에서 고통을 당했습니다. 그러나 그들은 그 위협과 핍박의 '사이렌 소리'에 집중하기보다, 서머나 교회를 향해 들려주시는 예수님의 목소리에 귀를 기울였습니다. 그런 그들에게 예수님은 '죽었다가 다시 살아나신 이'로서 자신을 소개하십니다. 서머나 교회도 지금 죽음의 위기와 공포 가운데 있지만, 그 죽음을 이기시고 부활하신 예수님이 함께 하신다는 목소리에 더욱 귀 기울였습니다.

2. 우리는____________________________ 말씀하시는 주님의 위로에 귀를 기울여야 합니다.

내가 네 환난과 궁핍을 알거니와 실상은 네가 부요한 자니라 계 2:9

예수님은 십자가에서 모진 고통과 핍박을 당하셨고, 결국 목숨을 잃으셨습니다. 주님은 지금 서머나 교회가 당하는 죽음의 위협과 배신의 아픔을 이미 알고 계시기 때문에 서머나 교회를 위로하시며, "너희가 환란과 핍박 가운데 있지만, 내가 너희를 알고, 내가 너희의 고통을 안다. 그러니 용기를 잃지 마라! 십자가의 고통 가운데서 다시 살아난 예수 그리스도가 너희와 함께 하니, 너희는 부요한 자라!"라고 말씀하십니다.

3. 우리는 예수님이 함께 하시기에____________을 기억해야 합니다.

19만일 그리스도 안에서 우리가 바라는 것이 다만 이 세상의 삶뿐이면
모든 사람 가운데 우리가 더욱 불쌍한 자이리라 20그러나 이제 그리스

도께서 죽은 자 가운데서 다시 살아나사 잠자는 자들의 첫 열매가 되셨도다 고전 15:19-20

서머나 교회가 고통과 핍박 가운데 있었지만, 그런 그들에게 '너희가 실상은 부요한 자니라'라고 주께서 위로하신 근거가 있습니다. 부활하시고 승리하신 예수님께서 고통 가운데 있는 그리스도인들을 반드시 구원하실 것이기 때문입니다. 결코 주님은 그리스도인들을 이 땅의 인생으로 끝나게 하시지 않습니다. 주님은 믿는 자에게 새 하늘과 새 땅을 줄 것입니다. 영원히 누리게 될 하나님의 나라, 그 풍성하고 아름다운 주님의 상급이 있기에 그리스도인들은 '실상은 부요한 자'임을 기억해야 합니다.

4. 우리는________________________________을 기억해야 합니다.

너는 장차 받을 고난을 두려워하지 말라 볼지어다 마귀가 장차 너희 가운데에서 몇 사람을 옥에 던져 시험을 받게 하리니 너희가 십 일 동안 환난을 받으리라 네가 죽도록 충성하라 그리하면 내가 생명의 관을 네게 주리라 계 2:10

우리가 신앙을 지키기 위해 고난과 어려움을 겪을 수 있습니다. 그러나 주님은 죽도록 충성하라고 말씀하십니다. 이 말은 끝까지 충성하라는 것입니다. 신앙생활을 시작했으면 끝까지 그 믿음을 지키라는 것입니다. 그러면서 주님이 약속하십니다.

> "너희 중에 고난을 받는 자가 있을 것이나 영원하지는 않을 것이다. 반드시 하나님께서 너희를 이기게 하실 것이다. 하나님께서 너희에게 생명의 관을 주실 것이다" 계 2:10

내 삶에 적용하기

1. 예수님을 믿기 때문에 겪는 고난과 어려움이 있습니까? '사이렌' 여신의 노래 소리처럼, 나의 믿음을 흔드는 세상의 소리에는 무엇이 있습니까?

2. 당시 서머나 교회는 죽음의 위협 가운데서 고통을 겪었습니다. 그런 그들을 향해 예수님은 자신을 '죽었다가 다시 살아나신 이'라고 소개합니다. 나는 예수님을 어떻게 고백합니까? 예수님의 음성을 들으며 신앙생활을 하고 있습니까?

3. 고난과 어려움을 극복하기 위해서는 우리를 위로하시고, 우리에게 약속하시는 하나님의 음성에 더욱더 귀를 기울여야 합니다. '칭찬받는 그리스도인'이 되기 위해 삶의 현장에서 주님의 음성에 집중할 수 있는 실제적인 실천 목록을 만들어 봅시다.

교회에서 ______________________________

가정에서 ______________________________

직장에서 ______________________________

묵상&기도

서머나 교회는 환난과 궁핍한 가운데서도 그들의 신앙을 지킴으로 주님께 칭찬을 받았습니다. 그리고 그들에게 장차 받을 고난도 있지만, 두려워하지 말라고 하십니다. 왜냐하면, 어떠한 고난과 고통 속에서도 주님께서 함께하시기 때문입니다. 우리는 주님 덕분에 부요한 자요, 고난이 영원하지 않음을 알 수 있습니다. 또한, 주님께서 죽도록 충성하는 자에게 생명의 면류관을 주신다고 약속하셨기 때문에 고난은 선물입니다.

◆ 묵상 질문

장차 받을 고난이 있다는 사실을 알면서도 고난을 두려워하지 않고 믿음을 지킬 수 있습니까?

나의 모든 슬픔과 아픔을 아시고 위로하시는 예수님의 음성을 힘입어 내가 견뎌야 할 믿음의 자리는 어디입니까?

◆ 깊이 묵상하기

지침

1. 주님께 질문하십시오.
2. 믿음을 가지고 그분의 응답을 기다리십시오.
3. 하나님이 응답하시면, 그것이 당신의 삶에서 갖는 의미가 무엇인지 생각해 보십시오.
4. 주님의 생각에 당신의 선택과 행동을 일치시키겠다고 구체적으로 고백하십시오.

◆ 주님과 대화하기

지침

기도 제목을 나누십시오.

묵상 노트

Part.3

이겨놓고 싸운다

버가모 교회에게

12버가모 교회의 사자에게 편지하라
좌우에 날선 검을 가지신 이가 이르시되
13네가 어디에 사는지를 내가 아노니 거기는 사탄의 권좌가 있는 데라
네가 내 이름을 굳게 잡아서 내 충성된 증인 안디바가
너희 가운데 곧 사탄이 사는 곳에서 죽임을 당할 때에도
나를 믿는 믿음을 저버리지 아니하였도다
14그러나 네게 두어 가지 책망할 것이 있나니
거기 네게 발람의 교훈을 지키는 자들이 있도다
발람이 발락을 가르쳐 이스라엘 자손 앞에 걸림돌을 놓아
우상의 제물을 먹게 하였고 또 행음하게 하였느니라
15이와 같이 네게도 니골라 당의 교훈을 지키는 자들이 있도다
16그러므로 회개하라 그리하지 아니하면 내가 네게 속히 가서
내 입의 검으로 그들과 싸우리라
17귀 있는 자는 성령이 교회들에게 하시는 말씀을 들을지어다
이기는 그에게는 내가 감추었던 만나를 주고 또 흰 돌을 줄 터인데
그 돌 위에 새 이름을 기록한 것이 있나니
받는 자 밖에는 그 이름을 알 사람이 없느니라

계 2:12-17

환경을 극복하는 믿음

버가모 교회에 찾아오신 예수님은 우리가 에베소 교회와 서머나 교회에서 보았던 예수님의 모습과는 좀 다릅니다. 에베소 교회에 나타나신 예수님은 "오른손에 있는 일곱 별을 붙잡고 일곱 금 촛대 사이를 거니시는 이"(계 2:1)로 표현되었고, 서머나 교회에 나타나신 예수님의 모습은 "처음이며 마지막이요 죽었다가 살아나신 이"(계 2:8)로 표현되어 있지만 버가모 교회에는 "좌우에 날선 검을 가지신 이"(계 2:12)의 모습으로 비장한 예수님을 볼 수 있습니다.

어쩌면 예수님께서 지난 두 교회보다 훨씬 강도 높은 말씀을 하시지 않을까요? 그러면서 들었던 생각은 '예수를 믿으면 우리의 삶이 혁명적으로 바뀐다'는 마음이었습니다. 우리가 예수를 믿게 되면 그것 때문에 누군가가 가지 않는 길을 가게 됩니다. 그렇게 예수를 믿는 것 때문에 우리의 삶에 결단이 일어날 때 우리의 삶은 혁명적으로 바뀝니다.

> 네가 어디에 사는지를 내가 아노니 거기는 사탄의 권좌가 있는 데라 네가 내 이름을 굳게 잡아서 내 충성된 증인 안디바가 너희 가운데 곧 사탄이 사는 곳에서 죽임을 당할 때에도 나를 믿는 믿음을 저버리지 아니하였도다 계 2:13

에베소 교회의 행위와 서머나 교회가 당하는 환난을 아셨던 주님은 버가모 교회를 향해 "네가 어디에 사는지를 내가 아노니"라고 말씀하시면서 그들의 처한 상황 또한 다 알고 계시다고 말씀하십니다. 이것은 오늘날 우리에게도 같습니다. 버가모 교회를 아셨던 주님은 우리의 모든 삶을 아십니다. 우리에게 찾아오시는 주님의 말씀은 추상적인 것이 아니라 우리의 모든 것을 아시는 주님의 구체적인 말씀입니다.

지금 버가모 교회의 상황이 어떠합니까? '사탄의 권좌가 있는 곳'이라고 말합니다. 역사적 기록에 의하면 버가모는 '이교 신앙의 강력한 중심지'였고, 에베소와 서머나와는 달리 지역적으로 내륙 깊은 곳에 있는 도시로 서머나에서 대략 100km 북쪽에 있으며, 로마가 소아시아 지역을 다스리는데 매우 중요한 행정 수도였습니다.

그러다 보니 이곳은 정치적, 문화적으로도 매우 중요한 기능을 감당하게 되었고, 알렉산드리아 도서관과 견줄만한 당시 20만 권이 넘는 장서를 보유하는 최고의 학문 중심지이기도 했습니다. 또한, 주전 29년 전에 살아있는 로마 황제 아우구스투스를 위한 신전이 세워진 황제 숭배의 중심지이기도 합니다. 게다가 이곳에는 이집트의 여신 이시스 신전도 있었습니다. 이처럼 '사탄의 권좌가 있는 곳'이라는 표현을 통해 버가모 교회에 예수를 믿는 사람도 많이 있었지만, 우상을 숭배하는 사람도 많았다는 것을 알 수 있습니다.

그런데 예수님은 이런 이교의 중심지에 있던 버가모 교회를 칭찬하십니다. "내 이름을 굳게 잡아서", "나를 믿는 믿음을 저버리지 아니하였다!" 여기서 예수님의 이름을 굳게 잡았다는 말과 믿음을 저버리지 않았다는 말은 일맥상통합니다. 예수님의 이름을 붙잡고 사는 사람이 어떻게 믿음을 버리겠습니까? 예수님은 이처럼 사탄의 권좌가 있는 곳에서 예수님의 이름을 붙들고 신앙을 지켰던 그들을 칭찬하십니다.

"너희는 진리를 지키는 자였다."

진리가 무엇입니까? 만일 우리가 무언가를 놓고 타협하려고 고민한다면, 그것은 이미 진리의 문제가 아닙니다. 진리는 결단의 문제이지 선택 가능한 타협의 문제가 아니기 때문입니다. 크리스천에게 진리는 결코 양보할 수 없습니다. 우리가 예수님을 알기 때문에 타협할 수 없는 유일한 행동이 진리를 드러나게 합니다.

예수님이 버가모 교회를 칭찬한 이유는 바로 '안디바'의 순교 때문입니다. 기독교인으로 알려진 그는 총독 앞에 소환되었습니다. 당시 총독은 정치적인 지도자일 뿐 아니라, 황제 숭배의 제사장 역할을 하는 사람이었습니다. 사실 안디바는 황제의 흉상 앞에 향을 피우고 "시저는 주님이시다!"라고 한마디만 하면 풀려날 수 있었습니다. 하지만 그는 그렇게 하지 않고 "예수님은 주인이시다!"라고 고백하며 죽임을 당했습니다.

정말 쉽게 타협할 수 있었지만 진리는 결코 타협할 수 없고, 타협하는 순간 거룩함을 상실하기에 그는 끝까지 예수님을 부인하지 않았습니다. 그가 그렇게 예수님을 주로 시인하는 순간 그의 삶은 혁명적이고 급진적으로 되었습니다. 그 결과 그는 거룩함을 지키며 거기에서 순교합니다. 이처럼 우리도 예수를 믿는다면 우리의 삶 안에서 진리 앞에 타협하지 않는 혁명적이고 급진적인 결단이 있어야 합니다.

문제는 버가모 교회 안에 순교의 피도 흐르고 있었지만, 배교자들도 있었다는 사실입니다. 오늘날 수많은 설교자가 아무리 진리에 대해 혁명적이고 급진적인 말씀을 선포한다고 해도 결국은 말씀을 따르는 자와 그렇지 않은 자가 공존할 수밖에 없는 것이 교회입니다. 따라서 교회는 완전하기 때문에 교회로 존재하는 것이 아니라 불완전함에도 우리가 있어야 할 곳이 바로 교회라는 고백이 필요합니다.

어쩌면 가족의 모습과 가장 유사한 것이 교회의 모습이 아닐까 생각해봅니다. 가족의 신분을 어떻게 얻습니까? 가족은 선택하는 것이 아니라 주어지는 것입니다. 우리가 교회를 이룬다는 것은 우리가 누구를 택해서 어떤 사람은 같은 교회의 일원이 될 수 있고, 어떤 사람은 될 수 없다고 결정하는 것이 아닙니다. 우리와 함께 신앙생활 하는 사람 중에는 돈을 잘 버는 사람과 못 버는 사람, 일을 잘하는 사람과 못하는 사람, 공부를 잘하는 사람과 못하는 사람 등 다양한 사람이 있습니다. 이 모든 사람이 주의 이름으로 하나가 되어 모여 있는 곳이 교회입니다. 하나님께서는 우리에게 말씀하십니다.

"교회에서 한 공동체로 모이는 그 순간 너희는 가족이다."

사도 바울은 "너희는 유대인이나 헬라인이나 종이나 자유인이나 남자나 여자나 다 그리스도 예수 안에서 하나이니라"(갈 3:28)라고 선언합니다. 어떤 인위적인 구분도 그리스도 예수 안에서, 하나님의 은혜 가운데서 사라져야 합니다. 그래서 사도 바울은 '은사'를 논하는 자리에서 한 지체를 다른 지체보다 더 중히 여기지 말라고 엄히 경고합니다.

요한 웨슬리의 어머니 수잔나 웨슬리가 이런 말을 했습니다.

"어떤 자식을 제일 사랑하느냐고요? 나는 병든 자식이 나을 때까지는 병든 자식을 제일 사랑하고, 집 떠난 자식이 돌아올 때까지는 집 떠난 자식을 제일 사랑합니다."

인간의 제도 중에 유일하게 선택권이 없는 것이 가족입니다. 그리고 바로 교회가 그런 가정과 같은 곳입니다. 예수 그리스도 안에서 모두 하나가 되었기 때문입니다.

영성학자 헨리 나우웬은 공동체를 다음과 같이 정의했습니다.

"함께 살기 싫은 사람이 반드시 함께 사는 곳이 공동체"

내가 가장 싫어하는 사람이 있는 곳, 그곳이 어디입니까? 당신이 속한 공동체입니까? 그러나 그 사람과 함께 믿음으로 가야하는 곳, 그런 사람들이 매 주일 함께 모여 예배하는 곳이 교회입니다.

하나님의 책망

버가모 교회에는 하나님의 거룩함을 훼손하는 자들로 인해 몇 가지 책망 받을 일이 있었습니다.

> 14그러나 네게 두어 가지 책망할 것이 있나니 거기 네게 발람의 교훈을
> 지키는 자들이 있도다 발람이 발락을 가르쳐 이스라엘 자손 앞에 걸림
> 돌을 놓아 우상의 제물을 먹게 하였고 또 행음하게 하였느니라 15이와
> 같이 네게도 니골라 당의 교훈을 지키는 자들이 있도다 계 2:14-15

버가모 교회에는 '발람의 교훈을 지키는 자들' 그리고 '니골라 당의 교훈을 지키는 자들'이 있었습니다. 쉽게 말하면, 올바른 신앙의

진리를 따르지 않고 이단에 빠진 자들이 있었다는 말입니다. 이것으로 인해 버가모 교회는 주님으로부터 책망을 받습니다.

'신앙과 미신의 차이'는 어떻게 구별할 수 있습니까? 이재철 목사님이 쓴 『청년아, 울더라도 뿌려야 한다』라는 책에 보면 이 차이를 아주 명확하게 설명합니다.

> 무당을 찾아간 사람이 두 손을 비비며 기도하는 모습을 보라. 그리스도인들이 하나님께 기도하는 모습보다 훨씬 더 경건하다. 굿을 잘하기 위해 용한 무당에게 희사하는 금액을 알아보라. 그리스도인들이 하나님께 바치는 헌금보다 훨씬 더 많다. 사람들이 용한 무당에게 받은 부적을 얼마나 소중하게 간직하는지 관찰해 보라. 그리스도인들이 하나님의 말씀인 성경책을 소중히 여기는 것보다 훨씬 더 귀하게 다룬다. 하지만 그들을 가리켜 누구도 신앙인이라고 부르지 않고, 미신을 좇는 자라고 말한다. 그렇다면 미신과 신앙의 차이는 무엇인가?
>
> 미신은 인간이 돈이나 능력 혹은 재주로 신의 마음을 달래서 자신의 목적을 성취하려는 것이다. 이럴 때 '자신'은 절대 변하지 않는다. 즉 자신은 그대로 있으면서 재주껏 신의 마음을 돌이키려는 것이 바로 미신의 특징이다. 이에 비해 신앙은 하나님을 변화시키려는 것이 아니라, 절대적인 그분의 말씀 앞에서 자신이 항상 변화되는 것을 의미한다. 따라서 하나님을 믿느냐, 믿지 않느냐도 중요하지만 어떤 믿음을 갖고 있느냐가 더 중요하다. 자기 변화를 수반하지 않는 믿음이란 미신에 지나지 않기

때문이다. 우리는 자신이 변화해 가는 참된 신앙의 소유자이기보다 하나님을 달래고 얼러 자신의 목적만 성취하려는 미신적 신앙을 갖고 있지 않은지 날마다 하나님 앞에서 성찰해야 한다.

우리는 신앙생활을 하면서 하나님 앞에 내가 바뀌고, 말씀의 진리 앞에 내 삶에 혁명적인 변화가 일어나기를 원하고 있습니까? 아니면 하나님의 마음을 바꾸어서 내가 그냥 살아가던 삶의 방식대로 살아가길 원합니까? 만약 우리가 예수를 진정으로 믿는다면 우리의 삶은 필연적으로 혁명적인 삶이 되고 급진적으로 변화됩니다. 이 진리가 이 땅의 교회와 우리에게 주는 도전이 무엇인지 생각해야 합니다.

발람과 발락의 이야기는 민수기 22-24장에 등장합니다. 모압 왕 발락이 당시 탁월한 선지자였던 발람을 통해 이스라엘을 저주하도록 합니다. 그런데 발람이 입을 열면 저주가 나오는 것이 아니라 여호와께서 그에게 주신 축복이 나올 뿐이었습니다. 그런데 모압 왕 발락이 내놓은 물질에 발람의 눈이 어두워져 발람은 옳은 진리의 길을 알면서도 자신의 탐심 때문에 진리를 버리고 이스라엘을 몰락시킬 꾀를 생각해 냅니다. 모압 여자들이 이스라엘 남자들을 유혹해 우상숭배의 음란한 연회에 참석하게 하면 된다고 발락에게 귀띔한 것입니다. 그렇게 되면 이스라엘의 의로우신 하나님이 진노하실 것을 알았던 것입니다.

이처럼 버가모 교회의 문제는 진리를 모르는 것이 아니라 탐심 때문에 진리가 가려지는 것입니다. 오늘날 우리도 늘 진리에 대한 문제 앞에 놓입니다. 진리는 급진적으로 우리를 변화시키고 우리의 삶에 결단을 만들어 내는데 우리의 탐심 때문에 진리를 버리고 쉬운 길로 가는 것입니다.

쉐인 클레어본이 쓴 책 『믿음은 행동이 증명한다』에 보면 이렇게 말합니다.

"예수 믿으며 착한 일 하는 사람들은 별로 욕먹지 않습니다. 그러나 예수님처럼 살려고 하는 사람들은 틀림없이 십자가에 못 박힙니다."

예수님은 우리가 하나님의 진리를 따라가는 급진적인 삶을 원하십니다. 더 나아가 이 땅의 모든 믿음의 성도들이, 교회가 그렇게 되면 좋겠습니다.

'니골라 당'은 발람의 행위와 연관이 있습니다. 당시 니골라 당은 교회 안에 잘못된 교리를 퍼뜨리고 있었는데, 그들의 주장이 이런 것입니다.

"우리는 하나님의 은혜가 필요하고 죄의 용서가 필요한 사람들입니다. 그러니까 죄 짓는 것 너무 걱정하지 마세요. 하나님이 용서해 주실 것입니다. 여러분의 죄가 크면 클수록 하나님의 은혜도 큽니다." 조금 더 극단적으로 이야기하면 "예수님이 우리에게 주신 자유는 죄짓는 자유"라고 말한 것입니다.

그들의 주장은 예수님께서 우리를 율법에서 자유롭게 하심으로 우리가 더 이상 율법 아래 있지 않고 은혜 아래 있기 때문에, 죄를 지어도 하나님의 은혜로 사함을 받을 수 있다는 것입니다. 그리고 은혜를 계속 경험하기 위해서는 죄 가운데 용서하시는 하나님을 체험하는 것이라고 주장했습니다. 이렇게 그들은 은혜를 누리기 위함이라는 명목 아래 죄를 가볍게 여기고, 죄를 정당화하는 교리를 주장했습니다.

이게 얼마나 우리에게 위로가 되는 말입니까? 어찌 보면 우리의 약함을 고백하는 것이 아주 신앙적으로 들리기까지 합니다. 죄에 대하여 우리를 참 평안하게 만드는 이야기입니다. 그러나 사실은 그 은혜를 입기 위해 하나님께서 얼마나 많이 아파하시고, 안타까워하시며 우리를 용서하셨는지를 간과한 거짓된 메시지에 불과합니다. 하나님의 은혜를 아는 사람이 어떻게 은혜에 합당한 삶을 살지 않을 수 있습니까? 그런데 '니골라 당'은 그렇게 교묘하게 하나님의 은혜를 빙자해 크리스천의 삶을 왜곡했습니다.

잘못된 삶에서 돌이켜라

하나님께서 그런 버가모 교회에 있었던 현상에 대하여 "회개하라!"고 무섭게 질책하십니다. 니골라 당의 이야기를 들으면서 어떤 생각을 하셨습니까? 우리가 한 가지 기억해야 할 것은 사탄은 옛날 그림에서 나오는 것처럼 뿔을 달고 우리에게 다가오지 않습니다. 1980년대 KAL기 폭파사건이 터졌을 때 우리를 제일 놀라게 했던 것이 무엇입니까? 범인을 잡았는데 간첩 김현희 씨가 예뻤다는 사실입니다. 그래서 동정하는 여론까지 일어날 정도였습니다. 그들이 생각할 때 저렇게 예쁜 여자가 그런 일을 했으리라고는 상식적으로 이해가 되지 않았던 것입니다.

어린 시절 많이 그렸던 그림을 상상해 봅시다. 방공포스터를 그릴 때마다 등장하는 '북한 괴뢰군'의 모습이 한결같이 뿔 달린 늑대의 모습이었습니다. 그런데 막상 간첩을 보면 우리 이웃에 살던 착한 아저씨처럼 생겼다는 것입니다.

사탄은 절대로 사탄의 모습으로 우리에게 다가오지 않습니다. 요즘은 목회자를 쓰러뜨리는 방법 중 하나가 성적으로 유혹하는 것이라고 합니다. 열심히 봉사하던 성도가 어느 날 목사님을 좀 만나자고 합니다. 처음부터 본색을 드러내며 내가 악한 사람이라고 이야기했다면 절대로 그런 일이 일어나지 않을 것입니다. 하지만 안타깝게도 오늘날 우리 주변에는 니골라 당과 같이 우리를 미혹하는 자들이 있습니다.

몇 년 전 조선일보 위클리 비즈에 소개 된 '허먼 밀러'라는 유명한 가구 회사의 이야기를 보게 되었습니다. 이 회사는 가구계의 애플이라고 불리는 회사인데 절대로 소비자에게 설문조사를 하지 않는

답니다. 소비자들에게 문제점을 듣고 어떻게 할지 묻고 개선하기 시작하면 소비자들의 불만과 소비자들이 원하는 것이 나오기 때문입니다.

이 '허먼 밀러'사의 워커 회장의 주장은 이것입니다.

> "평범한 기업이 되려면 소비자들의 이야기를 들어야 하지만, 소비자들을 이끌어 가는 탁월한 기업이 되기 위해서는 소비자들의 말에 귀를 기울이지 말고 소비자를 끌고 가야 합니다."

이 글을 읽으면서 제 가슴이 뛰었습니다. 제가 섬기는 교회가 세상 사람이 가기 때문에 그대로 가는 교회가 아니라 하나님께서 이 땅 위에 오셔서 하고 싶으셨던 그 일을 감당하는 교회가 되었으면 좋겠다는 소망을 품게 되었습니다. 언젠가 교회를 섬기는 평신도 리더십들과 함께 그런 이야기를 나눈 적이 있습니다. "힘들 수는 있겠지만 우리가 한번 남이 가보지 않은 길을 가봅시다. 남들이 안 된다고 할지도 모르지만 그것이 진리요 바른 길이라면 남들이 가보지 않은 길을 가봅시다."

제가 요즘 가장 고민하는 것 중의 하나가 이것입니다. 모든 교회가 이렇게 가고 있어도 그것이 하나님의 길인지를 물어야 합니다. 모든 사람이 그렇게 생각해도 그것이 하나님의 생각이신지를 점검해야 합니다. 그러면 하나님의 길이 무엇입니까?

그러므로 회개하라 그리하지 아니하면 내가 네게 속히 가서 내 입의 검으로 그들과 싸우리라 계 2:16

바로 "회개하라!"는 것입니다. 잘못된 삶에서 돌이키라는 것입니다. 버가모 교회에 나타나신 예수님은 "좌우에 날 선 검을 가지신 이"이십니다.

하나님의 말씀은 살아 있고 활력이 있어 좌우에 날선 어떤 검보다도 예리하여 혼과 영과 및 관절과 골수를 찔러 쪼개기까지 하며 … 히 4:12

제가 성지순례팀과 함께 버가모 교회를 방문했을 때 깜짝 놀랐습니다. 그 큰 교회가 반으로 갈라져 있었기 때문입니다. 하나님의 말씀이 그냥 쓰인 것이 아니라 정말 놀랍게 말씀의 검으로 그 교회가 갈라져서 폐허가 된 것을 보며, 이 말씀이 더욱 의미 있게 다가왔습니다. '좌우에 날선 검을 가지고 계신 이'가 오늘 우리에게 말씀하십니다. "너희가 회개하지 아니하면 너희가 이 진리의 길을 가지 아니하면 내가 너희를 그냥 두지 아니하겠다." 이것은 하나님이 우리를 협박하거나 심판하고자 하는 것이 아닙니다. 진리는 검의 양날과 같은 것입니다. 순종하는 자를 구원하는 복음이기도 하지만 불순종하는 자를 멸하시는 심판이기도 합니다.

하나님의 초청장

버가모 교회에 예수님께서 주시는 복된 말씀은 무엇입니까?

귀 있는 자는 성령이 교회들에게 하시는 말씀을 들을지어다 이기는 그에게는 내가 감추었던 만나를 주고 또 흰 돌을 줄 터인데 그 돌 위에 새 이름을 기록한 것이 있나니 받는 자 밖에는 그 이름을 알 사람이 없느니라 계 2:17

만나가 무엇을 상징합니까? 굶주린 자를 채우시는 '생명'을 뜻합니다. 이 세상에서 핍박을 당하고, 고통 가운데 있는 것 같으나 우리에게 때에 따라 필요를 채워주시는 생명의 만나를 주십니다. 요한복음 6장에서는 "하늘에서 내리는 참 떡", "하늘에서 내려오는 생명의 떡"이라고 표현합니다. 그렇습니다. 우리가 맛보는 것은 세상의 것이 아닙니다. 하늘에서 내려오는 영원한 생명의 만나를 맛보게 될 것입니다. 그리고 그때 돌 위에 새겨진 우리의 이름을 보게 될 것입니다.

저는 이 말씀을 묵상하며 마치 하나님의 초청장처럼 느껴졌습니다. 마지막에 하나님께서 끝까지 믿음을 지킨 사람들에게 만나를 주실 뿐만 아니라 흰 돌에 우리의 이름을 새겨서 우리를 초청하실 것입니다. 그리고 그때 우리는 승리자로 생명 잔치에 참여하게 될 것입니다.

김장환 목사님이 쓴 [큐티 365]에 나오는 간디에 관한 이야기입니다.

인도의 간디가 비폭력 독립운동을 전개하다가 감옥에 갇혔습니다. 그에게 영국의 한 기자가 찾아와서 이런 질문을 던졌습니다.

"당신의 노력은 사실상 성공할 가능성이 1%도 없는데, 어째서 이런 무모한 고생을 계속하십니까?"

그 질문에 간디는 미소를 지으면서 대답했습니다.

"반드시 성공할 날이 올 것입니다. 역사 가운데 진리가 졌다는 기록을 보셨습니까? 우리가 진리 편에 있는 한 반드시 승리할 것입니다."

그리고 간디는 진리 편에 서는 것이 승리하는 것이라는 확신을 가지고 그 운동을 계속 이어갔습니다. 우리가 진리 편에 서는 것은 힘들기는 하지만 승리할 수 있는 길임을 믿어야 합니다. 세상과 타협하지 말고 우리에게 있는 진리의 말씀을 따라야 합니다.

만나 교회의 교인이라면 잘 아는 말이 있습니다.

"이겨 놓고 싸운다!"

그렇습니다. 우리가 이 세상에서 싸우는 싸움은 이미 이겨놓고 싸우는 싸움임을 잊지 마십시오. 우리는 이 땅에서 이미 승리가 보장된 싸움을 하고 있는 것입니다.

버가모 교회는 주님을 향한 절대적인 믿음을 가진 교회였습니다. 많은 사람이 박해와 고난 가운데 믿음을 포기했지만, 이들은 절대 포기하지 않았습니다. 무서운 유혹에도 쉽게 넘어가지 않았습니다. 그들에게는 믿음이 있었기 때문입니다.

버가모 교회를 통해서 우리에게 주시는 말씀은 무엇입니까? 끝까지 인내하고 믿음을 지키십시오! 니골라 당처럼 가장하고 들어와 있는 거짓된 사람들의 말에 현혹되지 마십시오!

부디 진리의 말씀을 붙들고 믿음을 잘 지켜 여러분의 이름이 생명책에 기록될 수 있기를 소망합니다.

생각열기

※ 아래의 이야기를 읽고 다음의 질문에 솔직하게 대답하십시오.

가구계의 애플이라 불리는 '허먼 밀러'사의 워커 회장의 이야기입니다.
그동안 많은 기업이 소비자 중심적으로 생각하고, 소비자의 말에 귀를 기울이라고 했는데, 워커 회장은 "소비자의 말을 듣지 말라."고 주장합니다.
"설문조사의 문제점은 소비자는 자신들이 이미 아는 것만을 대답한다는 것입니다. 단순히 시장의 요구에 부응하고자 한다면 실패하지 않고 평범한 수준을 유지할 수는 있겠죠. 그러나 그렇게 하면 혁신적이고 주도적인 역할은 하지 못한 채 남들이 다 하고 있는 것을 똑같이 답습하게 될 것입니다."
팩시밀리를 처음 개발할 때 개발자들이 사람들에게 물어봤습니다.
"문서를 즉시 보낼 수 있고, 편지도 즉시 받을 수 있는 기계가 있다면 좋겠습니까?"
모두 이렇게 답했다.
"이틀 정도면 우편물을 받을 수 있는데, 왜 굳이 돈을 더 들여서 그렇게 해야 하죠? 그리고 그런 기계가 없는 친구와는 어떻게 편지를 주고받으란 말이죠?"

"평범한 기업이 되려면 소비자의 이야기를 들어야 하지만, 소비자들을 이끄는 탁월한 기업이 되려면 소비자의 말을 듣기보다는 소비자를 끌고 가야 합니다."라고 워커 회장이 말했습니다. 그럼 나는 누군가의 말 때문에 움직이는 사람입니까? 아니면 누군가를 이끄는 사람입니까?

배워보기

환경을 극복하는 믿음

버가모는 로마 황제 아우구스투스가 살아있는 가운데 그를 위한 신전이 세워진 황제 숭배의 중심지였으며, 이집트의 여신 이시스 신전도 있던 이교 신앙의 강력한 중심지였습니다. 그래서 요한계시록에 의하면 버가모 지역을 '사탄의 권좌가 있는 곳'이라고 말하고 있습니다.

이런 환경에도 버가모 교회는 교회의 모습을 잃지 않고 믿음을 저버리지 않았습니다. 교회는 환경을 뛰어넘고 극복하는 믿음을 지닐 수 있어야 합니다. 환경만을 탓하는 믿음은 하나님이 기뻐하시는 믿음이 아닙니다.

> 네가 어디에 사는지를 내가 아노니 거기는 사탄의 권좌가 있는 데라 네가 내 이름을 굳게 잡아서 내 충성된 증인 안디바가 너희 가운데 곧 사탄이 사는 곳에서 죽임을 당할 때에도 나를 믿는 믿음을 저버리지 아니하였도다 계 2:13

교회는 이런 곳입니다

1. 교회는 진리를 붙잡고 지키는 사람들의 모임입니다.

'사탄의 권좌가 있는 곳'이라고 표현한 버가모 교회에는 예수를 믿는 사람도 많았지만, 우상을 숭배하는 사람도 많았습니다. 그런데 예수님은 이런 이교의 중심지에 있던 버가모 교회를 향하여 "내 이름을 굳게 잡아서", "나를 믿는 믿음을 저버리지 아니하였다!" 즉 "너희는 진리를 지키는 자"였다고 칭찬하십니다.

2. 교회는 혁명적이고 급진적인 결단이 있어야 합니다.

안디바의 순교: 안디바는 황제를 숭배하라는 세상의 요구에 타협하지 않고 거룩함을 지키며 순교합니다. 그가 예수님을 주로 시인하는 순간 그의 삶은 혁명적이 되었고, 급진적이 되었습니다. 예수를 믿는다면 우리의 삶에도 진리 앞에 타협하지 않는 혁명적이고 급진적인 결단이 필요합니다.

3. 교회는 때로 불완전하지만, 그럼에도 지켜야 하는 곳입니다.

버가모 교회 안에는 순교자만 있었던 것이 아니라 배교자도 있었습니다. 영성학자 헨리 나우웬은 공동체를 다음과 같이 정의했습니다.
"함께 살기 싫은 사람이 반드시 사는 곳이 공동체"
내가 가장 싫어하는 그 사람과 함께 믿음으로 가야하는 곳, 그런 사람들이 매 주일 함께 모여 예배하는 곳이 교회입니다.

하나님의 책망

1. 탐심 때문에 진리를 버린 사람들 : ______과 ______의 이야기

모압 왕 발락이 내놓은 물질에 선지자 발람의 눈이 어두워집니다. 발람은 진리의 길을 알면서도 자신의 탐심 때문에 진리를 버리고 이스라엘을 몰락시킬 꾀를 생각해 냅니다. 모압 여자들이 이스라엘 남자들을 유혹해 우상숭배의 음란한 연회에 참석하게 하자고 발락에게 귀띔한 것입니다.

2. 진리를 왜곡한 사람들 : __________당

당시 니골라 당은 교회 안에 다음과 같은 잘못된 교리를 퍼뜨리고 있었습니다. "우리는 하나님의 은혜와 죄의 용서가 필요한 사람들입니다. 그러니까 죄 짓는 것 너무 걱정하지 마세요. 하나님이 용서해 주실 것입니다. 여러분의 죄가 크면 클수록 하나님의 은혜도 큽니다." 이것은 하나님의 은혜를 빙자해 크리스천의 삶을 왜곡하는 거짓된 메시지에 불과합니다.

3. 사탄의 미혹에 넘어간 사람들

방공포스터를 그릴 때마다 등장하는 '북한 군'의 모습이 한결같이 뿔 달린 늑대의 모습이었습니다. 그런데 막상 알고 보면 우리 이웃에 살던 착한 아저씨가 간첩인 경우가 종종 있었습니다. 사탄은 절대로 사탄의 모습으로 우리에게 다가오지 않습니다. 우리를 미혹하기 위해 가면을 쓰고 접근하는 사탄의 전략을 기억해야 합니다.

끝까지 이기는 교회를 향한 축복의 말씀

1. 이기기 위해서는 ____________을 바라봐야 합니다.

귀 있는 자는 성령이 교회들에게 하시는 말씀을 들을지어다 이기는 그에게는 내가 감추었던 만나를 주고 또 흰 돌을 줄 터인데 그 돌 위에 새 이름을 기록한 것이 있나니 받는 자 밖에는 그 이름을 알 사람이 없느니라 계 2:17

만나는 무엇을 상징합니까? 굶주린 자를 채우시는 하늘에서 내려오는 생명의 만나입니다. 이름이 새겨진 흰 돌은 무엇입니까? 생명 잔치에 초대하는 하나님의 초청장입니다. 믿음으로 승리하기 위해서 우리는 '하늘의 상급'을 바라봐야 합니다.

2. 이기기 위해서는 __________편에 서야 합니다.

> 네가 어디에 사는지를 내가 아노니 거기는 사탄의 권좌가 있는 데라 네가 내 이름을 굳게 잡아서 내 충성된 증인 안디바가 너희 가운데 곧 사탄이 사는 곳에서 죽임을 당할 때에도 나를 믿는 믿음을 저버리지 아니하였도다 계 2:13

우리가 '진리' 편에 서는 것이 힘들기는 하지만 승리의 길임을 믿어야 합니다. 그리고 세상과 타협하지 말고 우리에게 있는 진리의 말씀에 따라 나아가야 합니다.

3. 우리의 싸움은 __________싸움입니다.

버가모 교회는 주님을 향한 절대적인 믿음을 가진 교회였습니다. 많은 사람이 박해와 고난 가운데 포기했지만, 이들은 포기하지 않았습니다. 무서운 유혹에도 쉽게 넘어가지 않았습니다. 그들에게는 믿음이 있었기 때문입니다. 그래서 우리가 이 세상에서 싸우는 싸움은 이미 '이겨놓고 싸우는' 싸움입니다. 이미 승리가 보장된 싸움입니다.

내 삶에 적용하기

1. 버가모 교회를 향한 하나님의 책망을 보며 나 자신을 점검합시다.

1) 우리에게 진리를 버리고 쉬운 길로 가는 모습은 없습니까?

___

2) 나는 마음의 평안을 얻고자 진리를 왜곡하고 있지는 않습니까?

___

3) 나는 지금 하나님의 길보다는 한결 쉬워 보이는 세상의 길로 걷고 있지는 않습니까?

___

2. 우리의 싸움은 승리가 보장된 이겨놓고 싸우는 싸움입니다. 각 삶의 자리에서 가장 치열하게 싸우고 있는 문제들을 구체적으로 적어보고 하나님이 이루실 승리를 선포합시다.

예) 관계의 문제, 재정의 문제, 죄의 문제, 질병의 문제 등

가정에서 ___

학교와 직장에서 ___

교회에서 ___

묵상&기도

예수님은 어려운 환경에도 끝까지 믿음을 지켜낸 버가모 교회를 칭찬하시면서 진리의 편에 서도록 격려하십니다. 하지만 하나님의 거룩함을 훼손한 자들을 향해서는 책망하십니다. 올바른 신앙의 진리를 따르지 않고 이단에 빠진 자들이 돌아서서 진리의 편에 서고, 끝까지 인내하고 믿음을 지키는 것이 승리의 길입니다.

◆ 묵상 질문

내가 진리의 편에 서지 못하도록 미혹하거나 훼방하는 환경이나 영역은 무엇이 있습니까?

내가 지금 진리 앞에서 결단해야 할 것은 무엇입니까?

◆ 깊이 묵상하기

지침

1. 주님께 질문하십시오.
2. 믿음을 가지고 그분의 응답을 기다리십시오.
3. 하나님이 응답하시면, 그것이 당신의 삶에서 갖는 의미가 무엇인지 생각해 보십시오.
4. 주님의 생각에 당신의 선택과 행동을 일치시키겠다고 구체적으로 고백하십시오.

◆ 주님과 대화하기

지침

기도 제목을 나누십시오.

묵상 노트

Part.4

끝이 더 좋다

두아디라 교회에게

[18]두아디라 교회의 사자에게 편지하라 그 눈이 불꽃 같고
그 발이 빛난 주석과 같은 하나님의 아들이 이르시되
[19]내가 네 사업과 사랑과 믿음과 섬김과 인내를 아노니
네 나중 행위가 처음 것보다 많도다
[20]그러나 네게 책망할 일이 있노라
자칭 선지자라 하는 여자 이세벨을 네가 용납함이니
그가 내 종들을 가르쳐 꾀어 행음하게 하고 우상의 제물을 먹게 하는도다
[21]또 내가 그에게 회개할 기회를 주었으되
자기의 음행을 회개하고자 하지 아니하는도다
[22]볼지어다 내가 그를 침상에 던질 터이요 또 그와 더불어 간음하는 자들도
만일 그의 행위를 회개하지 아니하면 큰 환난 가운데에 던지고
[23]또 내가 사망으로 그의 자녀를 죽이리니 모든 교회가 나는 사람의 뜻과 마음을
살피는 자인 줄 알지라 내가 너희 각 사람의 행위대로 갚아 주리라
[24]두아디라에 남아 있어 이 교훈을 받지 아니하고 소위 사탄의 깊은 것을
알지 못하는 너희에게 말하노니 다른 짐으로 너희에게 지울 것은 없노라
[25]다만 너희에게 있는 것을 내가 올 때까지 굳게 잡으라
[26]이기는 자와 끝까지 내 일을 지키는 그에게 만국을 다스리는 권세를 주리니
[27]그가 철장을 가지고 그들을 다스려 질그릇 깨뜨리는 것과 같이 하리라
나도 내 아버지께 받은 것이 그러하니라
[28]내가 또 그에게 새벽 별을 주리라
[29]귀 있는 자는 성령이 교회들에게 하시는 말씀을 들을지어다

계 2:18-29

주님, 두아디라 교회를 찾아오시다

두아디라 교회의 사자에게 편지하라 그 눈이 불꽃 같고 그 발이 빛난 주석과 같은 하나님의 아들이 이르시되 계 2:18

『죄와 벌』, 『카라마조프가의 형제들』로 유명한 러시아 소설가 도스토옙스키(Fyodor M. Dostoevskii, 1821-1881)가 말했습니다. "만약 하나님이 참으로 존재하지 않는다고 확신만 한다면 사람들은 못할 짓이 없다." 그 말은, 우리가 교회에서 좋은 신앙인으로 인정받는다고 할지라도 삶에서 하나님을 온전히 인식하며 살지 않는다면 우리 또한 어떤 일이든 할 수 있다는 것입니다.

그런데 두아디라 교회에 찾아오신 예수님의 모습이 우리에게 강력한 도전을 줍니다. 바로 '불꽃같은 눈으로' 지켜보시는 모습입니다. 크리스천의 숫자는 많아졌어도 세상은 아무것도 변한 것이 없다고 말하는 시대에 과연 우리는 불꽃같은 눈으로 지켜보시는 주님을 제대로 인식하며 살고 있는지 자문하지 않을 수 없습니다. 그래서 제 페이스북에 어떤 분이 남긴 짧은 글이 의미심장하게 느껴집니다.

"단 위에서 힘 있는 설교자가 아니라, 단 밑에서 힘 있는 설교자로 살아가겠습니다."

믿음의 크기만큼 삶의 태도가 따라와야 함을 잘 표현해준 글입니다. 그런데 적지 않은 사람들이 믿음과 행위를 따로 생각하는 경향이 있습니다. 믿음은 좋은데, 윤리적으로 정당하지 못하게 살아가는 분들을 종종 보게 됩니다. 제 주관적인 입장이지만, 우리나라 정치 현실을 보면서 이런 생각을 했습니다. 좋은 게 좋은 것, 상황이 달라졌다는 식으로 쉽게 말을 바꾸고, 그런 말에 쉽게 속아 넘어가는 사람들이 참 많다는 생각입니다. 우리는 상황이 달라졌다고 신앙의 태도를 쉽게 바꾸는 것이 아니라, 어떤 상황도 바꾸실 수 있는 하나님을 믿으며 끝까지 믿음의 태도를 지켜야 합니다. 왜냐하면 주님께서 불꽃같은 눈으로 지켜보시기 때문입니다. 이런 주님의 시선이 잘 나타난 곳이 두아디라 교회입니다. 두아디라 교회를 향한 주님의 칭찬은 매우 따뜻한데 뒤이어 오는 질책은 무섭습니다. 아마도 겉으로 보이는 행위들이 믿음의 발로인 듯 보였을지 모르지만, 불꽃같은 눈으로 바라보시는 주님 앞에서 그들의 진짜 모습이 드러났기 때문입니다.

'불꽃같은'이란 표현은 요한계시록 2장 23절에 나타난 심판의 말씀과 연결되어 있습니다.

> 또 내가 사망으로 그의 자녀를 죽이리니 모든 교회가 나는 사람의 뜻과 마음을 살피는 자인 줄 알지라 내가 너희 각 사람의 행위대로 갚아 주리라 계 2:23

이 말씀을 유진 피터슨의『메시지 성경』에서는 이렇게 표현했습니다.

"… every church will know that appearance don't impress me. I x-ray every motive and make sure you get what's coming to you."

여기서 유진 피터슨이 재미있는 표현을 사용했습니다. 엑스레이(x-ray)라는 단어인데, X선을 인체에 투과하면 인체의 내부 구조물을 훤히 볼 수 있는 의학기술입니다. 직역하면 이렇습니다.

"… 겉모습으로는 나(예수님)를 감동시킬 수 없다. 왜냐하면 나는 마음의 모든 동기를 엑스레이처럼 들여다보기 때문이다."

참으로 무서운 말씀입니다. 주님의 불꽃같은 눈이 우리의 은밀하고 부끄러운 죄, 심지어 의도적이든지 부지중에 지은 죄든지 엑스레이로 보듯 분별하십니다. 시적(詩的) 표현인 것 같으나 무서운 말씀이 또 하나 있습니다. 주님의 발을 '빛난 주석과 같다'고 묘사한 것입니다. 『메시지 성경』 영문판을 보면 '빛난 주석'을 'furnace-fired bronze'라고 표현했습니다. 이는 주님의 발이 용광로에서 제련된 청동 같다는 것입니다. 그런 발로 여기저기를 밟는다고 생각해보십시오. 어떤 일이 일어나겠습니까? 버가모 교회를 향해 칼로 심판하시는 것(계2:16)보다 훨씬 더 무서운 심판을 행하실 이가 주님이심을 깨달을 수 있습니다.

거룩함을 상실하다

> 내가 네 사업과 사랑과 믿음과 섬김과 인내를 아노니 네 나중 행위가 처음 것보다 많도다 계 2:19

예수님이 두아디라 교회를 칭찬하셨습니다. 칭찬의 내용을 살펴보면 당시 두아디라 교회가 어떤 공동체였는지 알 수 있습니다.

첫째, 두아디라 교회는 '사업'을 했습니다. 교회가 하는 사업이 무엇이겠습니까? 하나님의 사업이었을 것입니다. 전도(선교)하고 봉사하고 교육하는 등 많은 일을 감당했던 것입니다.

둘째, '사랑'했습니다. 공동체 안의 성도들뿐만 아니라 어쩌면 믿지 않는 불신자들에 대해서도 관용하고 사랑하는 교회였을 것입니다.

셋째, '믿음'도 있었습니다. 두아디라 지역이 우상숭배와 미신이 성행하던 곳이었음을 감안한다면 결코 교회를 둘러싼 상황이 녹록치 않았음을 알 수 있습니다. 그럼에도 그들은 믿음을 잘 지켰습니다. 아울러, '섬김'과 '인내'도 있는 교회였습니다.

그런데 진짜 칭찬은 이것입니다. 처음보다 나중이 더 많아졌다는 것입니다. 처음 사랑을 버렸던 에베소 교회나 믿음을 지켰어도 유혹을 이기지 못하고 세상과 타협한 버가모 교회와는 다른 칭찬이었습니다. 두아디라 교회는 끝이 더 좋은 교회였던 것입니다.

그런데 문제는 칭찬 이후에 등장하는 주님의 질책입니다. 자신의 사역에 열심을 다 하느라 정작 보아야 할 것을 보지 못한 것입니다. 그런 면에서 두아디라 교회는 우리 신앙의 문제를 아주 명확하게 보여주는 좋은 예입니다. 우리에게 사업, 사랑, 믿음, 섬김과 인내가 없어서가 아니라, 우리의 방식대로 하나님을 섬기는 것이 문제임을 깨닫게 합니다.

그렇다면 두아디라 교회가 마땅히 보아야 할 것을 보지 못하고 놓친 것이 무엇일까요?

[20]그러나 네게 책망할 일이 있노라 자칭 선지자라 하는 여자 이세벨을 네가 용납함이니 그가 내 종들을 가르쳐 꾀어 행음하게 하고 우상의 제물을 먹게 하는도다 [21]또 내가 그에게 회개할 기회를 주었으되 자기의 음

행을 회개하고자 하지 아니하는도다 22볼지어다 내가 그를 침상에 던질
터이요 또 그와 더불어 간음하는 자들도 만일 그의 행위를 회개하지 아
니하면 큰 환난 가운데에 던지고 23또 내가 사망으로 그의 자녀를 죽이
리니 모든 교회가 나는 사람의 뜻과 마음을 살피는 자인 줄 알지라 내
가 너희 각 사람의 행위대로 갚아 주리라 계 2:20-23

주님으로부터 무섭게 책망을 받은 이유가 등장하는데, 바로 '거룩함의 훼손'이었습니다. 사탄의 가장 강력한 무기가 우리의 거룩함을 훼손하는 것입니다. 앞에서 하셨던 칭찬이 무색할 정도로 긴 책망이 이어진 이유는 교회가 거룩함을 상실했기 때문입니다.

그도 그럴 것이, 두아디라 교회는 도덕적으로 타락한 두아디라 지역에 있었습니다. 그곳은 소아시아의 수도인 버가모에서 동남쪽으로 55km 떨어진 곳으로 내륙지역에 있는 조그만 도시였습니다. 알렉산더 대왕 시절 그의 신하 중 한 사람이었던 셀레우코스 1세(Seleucos Nicator Ⅰ)에 의해 BC 300년경 건설되었습니다. 셀레우코스 1세는 이곳을 '두아'라는 딸의 이름과 '성읍'이란 뜻의 '테리아'를 합성하여 '두아테리아', 즉 '두아(Thya)의 성읍'이라 불렀습니다. 당시 이 지역을 보호하기 위해서 로마 군인들이 주둔한 관계로 두아디라는 군사도시였습니다. 비록 소도시였지만 양모, 세마포, 의류, 염료, 가죽 및 청동제품 등을 취급하는 상업이 매우 발달한 도시였습니다.

우리가 잘 아는 것처럼, 빌립보 교회의 첫 번째 성도였던 루디아가 바로 두아디라 출신 자색 옷감장사(행 16:14)였습니다. 두아디라 시의 가장 큰 특징은 산업이 발달했기 때문에 오늘날의 노동조합과 비슷한 '길드'(Guild)라는 동업조합이 성행했고, 조합원이 되어야 일자리도 구하고 거래도 할 수 있었습니다.

그런데 이 동업조합의 힘이 얼마나 막강했는지 도시의 정치, 경제, 사회 더 나아가 종교에까지도 상당한 영향을 끼쳤습니다. 그런 동업조합이 자체적으로 섬기는 수호신이 있었는데, 사업의 번창을 위해 정기적으로 수호신에게 제사를 드렸습니다. 그리고 제사가 끝나면 제사 음식을 나누어 먹으며 잔치를 벌였는데, 이때 여인들을 불러들여 음행을 저지르기도 했습니다.

이런 상황에서 20절에 등장하는 '이세벨'이라는 여자가 실명인지 아니면 구약에 등장하는 아합 왕의 아내인 이세벨을 비유하여 말하는 것인지는 확실하지 않지만, 책망의 핵심이 이세벨을 용납하므로 교회 안에 일어난 일, 즉 '거룩함의 훼손'이었습니다.

우리는 여기서 '용납'이라는 단어에 주목할 필요가 있습니다. 언급한 대로 두아디라에는 상업이 발달했기 때문에 '길드'(조합)가 발달했고, 그곳에 소속되지 않으면 불이익을 당하게 되어 있었습니다. 그리고 길드에 소속된다는 것은 그들과 함께 제사를 지내고 부도덕한 행위를 해야 한다는 것 또한 포함되었습니다.

많은 크리스천이 그러한 사회적 환경 가운데서 고민했을 것입니다. 그때 이세벨이라는 여자가 '괜찮다', '용납하라'고 제안하며, 신앙인들의 양심을 무디게 하는 거짓 선지자였던 것입니다. 두아디라 교회는 그런 이세벨을 제지하지 않았고, 그 때문에 교회가 거룩함을 훼손당하는 심각한 문제에 직면한 것입니다.

생각해 보면, 이것은 우리 모두의 문제이기도 합니다. 지금 한국 교회가 사랑이 없습니까? 아니면 봉사와 섬김, 믿음이 없습니까? 그렇다고 강단에서 선포되는 말씀이 부족합니까? 문제는 교회가 거룩함을 상실하면서부터 그 모든 것이 의미를 잃기 시작한 것입니다. 어떤 수고와 사업과 헌신도 거룩함이 훼손된 것은 하나님이 받지 않으십니다.

그러므로 '거룩함'은 교회와 성도들이 반드시 지켜야 할 표지입니다.

> 하나님의 뜻은 이것이니 너희의 거룩함이라 곧 음란을 버리고 살전 4:3

> 곧 창세 전에 그리스도 안에서 우리를 택하사 우리로 사랑 안에서 그 앞에 거룩하고 흠이 없게 하시려고 엡 1:4

사도 바울이 보낸 편지 곳곳에서 거룩함이야말로 성도와 교회의 본질임을 역설하고 있습니다. 이처럼 하나님의 뜻이 우리를 거룩하게 하시는 것이기에, 사탄은 어떻게 해서든지 우리의 거룩함을 파괴

하려고 합니다. 즉, 거룩함이 훼손되는 곳에는 반드시 사탄의 획책이 있다는 것입니다.

그런데 여기서 우리가 기억해야 할 것은 죄를 용납하는 것과 죄인을 용납하는 것은 아주 다르다는 사실입니다. 죄인을 용납하고 용서하고 포용하는 것은 하나님의 뜻이지만, 죄를 용납하는 것은 하나님의 진노를 불러일으킵니다. 하나님이 우리의 죄를 용납하신 것이 아니라 죄인인 우리를 위하여 십자가의 은혜로 용서하신 것입니다. 이것을 제대로 보지 못하고 죄에 대하여 나약함과 관대함으로 대했던 두아디라 교회는 이후 역사 속에서 자취를 감추고 말았습니다.

불꽃같다

다시 '불꽃같다'는 단어에 주목하고자 합니다. 심판주로 오신 예수님의 눈이 불꽃같다고 묘사되었습니다. 예수님이 공생애를 사시는 동안, 만나는 사람들에게 가장 큰 충격을 주었던 것이 '눈빛'이 아니었을까 생각해봅니다. 대표적인 내용이 마가복음 3장 5절에 나옵니다. 그곳에서 예수님은 완악한 바리새인들을 근심하사 노하심으로 둘러보셨다고 기록되었습니다. 그들이 아무리 감추려 해도 불꽃같은 주님의 눈빛을 피할 수는 없었던 것입니다.

그런 차원에서 '불꽃같다'라는 말과 함께 '섬광 같다'는 말은 무엇을 의미할까요? 우리가 사진을 찍을 때 플래시 불빛이 번쩍합니다. 그 순간 우리의 모습이 어둠 속에서 드러나고 명확하게 찍힙니다.

반면에 누가복음 22장 60-61절을 보면 베드로를 바라보시던 예수님의 눈길이 등장합니다. 닭이 세 번 울기도 전에 예수님을 부인한 베드로를 바라보시던 예수님의 눈빛, 그것은 질책이 아닌 사랑과 연민이었습니다. 하지만 그 눈빛이 얼마나 강렬했는지 베드로는 밖으로 나가 통곡하며 울었습니다. 아마도 예수님의 그 눈빛은 베드로의 가슴에 평생 남았을 것입니다.

그렇습니다. 예수님이 두아디라 교회뿐 아니라 우리를 '불꽃같은 눈'으로 보고 계십니다. 주님의 불꽃같은 눈은 우리의 겉모습이 아닌 중심을 꿰뚫어 보십니다. 그분 앞에 아무것도 숨길 수 없습니다. 그래서 우리가 주님 앞에 처음 할 수 있는 신앙고백이 이것입니다.

"주여 모든 것을 아시오매…"

모든 것을 아시는 주님 앞에 우리는 모두 서 있는 것입니다.

악인들의 특징은 그 반대입니다. 절대로 드러나지 않고 들키지만 않으면 죄가 아니라고 생각합니다. 그래서 늘 들키지 않으려고 노력하고 또한 나만은 들키지 않을 것이라고 생각합니다. 그러나 히브리서 4장 13절은 그것을 무섭게 경고합니다.

지으신 것이 하나도 그 앞에 나타나지 않음이 없고 우리의 결산을 받으

실 이의 눈 앞에 만물이 벌거벗은 것 같이 드러나느니라 히 4:13

경고에 담긴 하나님의 마음

[21]또 내가 그에게 회개할 기회를 주었으되 자기의 음행을 회개하고자 하지 아니하는도다 [22]볼지어다 내가 그를 침상에 던질 터이요 또 그와 더불어 간음하는 자들도 만일 그의 행위를 회개하지 아니하면 큰 환난 가운데에 던지고 [23]또 내가 사망으로 그의 자녀를 죽이리니 모든 교회가 나는 사람의 뜻과 마음을 살피는 자인 줄 알지라 내가 너희 각 사람의 행위대로 갚아 주리라 계 2:21-23

두아디라 교회의 문제는 죄를 용납함에서 끝나지 않았습니다. 하나님이 회개할 기회를 주셨는데 회개하지 않고 계속해서 음행을 저질렀다는 것입니다. 그렇다면 이 말씀에 나타난 하나님의 뜻이 무엇일까요?

'죄를 짓는 것보다 죄지은 다음이 어떠했는가?'입니다. 우리 중에 완전한 사람은 없습니다. 누구나 실수할 수 있습니다. 실수 정도가 아니라 죄를 지을 수 있습니다. 하지만 하나님은 우리가 회개하기를 원하십니다. 그것이 아버지의 마음입니다. 자녀가 잘못했을 때 꾸짖는 이유가 올바른 길을 가게 하기 위함이듯, 오늘 무서운 심판의 말씀 역시 협박이 아니라 회개하기를 촉구하시는 하나님의 마음입니다.

…오래 참으사 아무도 멸망하지 아니하고 다 회개하기에 이르기를 원하시느니라 벧후 3:9

… 모든 사람이 구원을 받으며 … 딤전 2:4

우리가 잘 아는 것처럼 다윗은 밧세바를 범하는 음란죄를 저지르고 심지어 남편 우리아를 살해하는 큰 죄를 범했으나 다윗이 침상을 모두 적시도록 눈물 흘리며 회개할 때 하나님께서는 그를 용서해 주셨습니다. 성경에 보면 죄를 짓고 회개한 사람치고 구원받지 못한 사람이 없고, 회개하여 사함 받지 못한 사람이 없습니다. 결국 두아디라 교회를 향한 주님의 말씀이 경고가 아닌 언약으로 마무리되고 있음도 하나님의 마음은 끝까지 심판이 아닌 용서와 구원에 있음을 알 수 있습니다.

26이기는 자와 끝까지 내 일을 지키는 그에게 만국을 다스리는 권세를
주리니 27그가 철장을 가지고 그들을 다스려 질그릇 깨뜨리는 것과 같
이 하리라 나도 내 아버지께 받은 것이 그러하니라 28내가 또 그에게 새
벽 별을 주리라 29귀 있는 자는 성령이 교회들에게 하시는 말씀을 들

을지어다 계 2:26-29

이 말씀은 분명 회개하고 돌이켜 말씀대로 살고자 하는 이들에게 주시는 축복의 약속입니다. 그 첫 번째가 만국을 다스리는 권세를 주신다는 약속입니다. 여기서 '권세'는 헬라어로 '엑수시아'로 지배권, 통치권을 의미합니다. 주님의 말씀을 지키며 악에 승리하는 사람에게 만국을 다스릴 통치권을 주신다고 합니다.

두 번째는 새벽 별을 주신다는 약속입니다. 여기서 '새벽 별'은 무엇을 의미할까요? 요한계시록 22장 16절에서 "나 예수는 교회들을 위하여 내 사자를 보내어 이것들을 너희에게 증언하게 하였노라 나는 다윗의 뿌리요 자손이니 곧 광명한 새벽 별이라 하시더라"라고 기록되었습니다.

새벽 별은 바로 예수님을 의미합니다. 주님은 말씀을 붙들고 신앙의 순수성을 지킨 사람에게는 자신을 주시겠다고 하셨습니다. 비록 죄의 유혹 가운데 빠져 살았을지라도 진정으로 회개하고 주님이 원하시는 거룩한 삶을 회복하는 사람에게 만국을 다스릴 통치권과 주님과 동행하는 복을 주신다는 것입니다.

이제 우리 삶을 돌아보아야 합니다. 회개하며 말씀대로 살고자 하는 사람들에게 허락하신 복을 누리기 위해 우리가 택해야 할 삶의 태도는 무엇일까요?

미국 새들백교회를 담임하는 릭 워렌(Rick Warren) 목사는 다음 세

가지를 제시하고 있습니다.

첫째, 세상을 향해 자신을 떳떳이 밝히는 것입니다. 상당수의 크리스천이 자신의 정체성(identity)을 숨긴 채 사회생활을 하고 있습니다. 자신이 성도임을 떳떳이 밝힐 수 없는 사람은 뭔가 문제가 있는 사람입니다. 크리스천은 어둠 속에 파묻혀 사는 바퀴벌레 같은 존재가 아닙니다. 하늘나라의 시민권자임을 떳떳하게 밝혀야 합니다.

둘째, '아니오!'(No)라고 당당히 말하는 것입니다. '아니오!' 할 수 있는 것은 용기입니다. 실력을 갖춘 사람만이 '아니오!'라고 말할 수 있습니다. 하나님 나라를 위해서는 '아니오!의 사람'(No-Man)이 될 수 있어야 합니다. 거룩함, 성결함을 지키기 위해 단호하게 '아니오!'라고 말하십시오.

셋째, 서로의 삶에 책임을 지는 소그룹(accountability group)을 형성하는 것입니다. 개인이 혼자 거룩해지려는 노력에는 분명 한계가 있습니다. 이때 필요한 것이 서로 돌보아주고 격려해 줄 수 있는 동역자입니다. 사도 바울은 디모데후서 2장 22절에서 "또한 너는 청년의 정욕을 피하고 주를 깨끗한 마음으로 부르는 자들과 함께 의와 믿음과 사랑과 화평을 따르라"라고 했습니다. 나의 믿음을 굳건하게 세워주고, 주님의 순결한 신부로서 살아갈 수 있도록 돕는 동역자를 곁에 두십시오.

모든 것이 분명해졌습니다. 성도든, 교회든 거룩함이 능력입니다. 왜냐하면, 거룩한 삶을 통해 주님을 기쁘시게 하고 주님과 동행할 수 있기 때문입니다. 무엇보다 만국을 다스릴 권세가 그렇게 사는 자들에게 주어지기 때문입니다.

두아디라 교회를 향한 주님의 경고는 우리에게 심판이 아니라 축복입니다. 이제는 불꽃같은 눈으로 바라보시는 주님 앞에 한국 교회가 거룩한 능력을 회복하고 이 세상을 다스릴 권세를 받아야 합니다. 2천 년이 지난 지금, 교회의 터밖에 남지 않은 두아디라 교회가 아닌 세세토록 진리의 강물, 부흥의 물결이 흘러넘치는 한국 교회 그리고 성도가 되어야 하지 않을까요?

생각열기

※ 아래의 이야기를 읽고 다음의 질문에 솔직하게 대답하십시오.

어떤 사람이 운전을 하고 가는 데 바쁜 일이 있어서 과속을 조금 했습니다. 한참 가다보니 과속방지 카메라가 있는 것이 보였습니다. 재빨리 속도를 줄여 그곳을 통과했습니다. 그런데 '찰칵'하며 카메라가 찍히는 소리가 들리는 것이 아닙니까. 아무래도 억울한 생각이 들어 차를 돌려 천천히 그 지점을 다시 지나갔습니다. 그런데 이게 웬일입니까? 또 다시 '찰칵'하며 카메라에 찍혔습니다. 도저히 억울한 마음을 가눌 길이 없어 다시 차를 돌려 세 번째 그 지점을 아주 천천히 지났습니다. 아니나 다를까, 역시 '찰칵'하며 카메라에 찍히고 말았습니다.
며칠 후 그의 집으로 연달아 세 장의 벌금 고지서가 날아왔습니다. 그런데 위반내용이 이랬습니다. '안전벨트 미착용'

나의 생각과 기준이 때로 옳지 않음을 인정하며 살고 있습니까?
(가정, 일터, 사업장, 교회에서)

배워보기

두아디라 교회를 향한 칭찬

예수님이 두아디라 교회를 칭찬하셨습니다. 칭찬의 내용을 살펴보면 당시 두아디라 교회가 어떤 신앙 공동체였는지 알 수 있습니다.

> 나는 네 ______과 ______과 ______과 ______과 ______를 아노니
> 네 나중 행위가 처음 것보다 많도다 계 2:19

두아디라 교회는 모든 것에 최선을 다하는 교회였습니다. 그런데 진짜 칭찬은 이것입니다. 처음보다 나중이 더 많아졌다는 것입니다. 처음 사랑을 버렸던 에베소 교회나 믿음을 지켰어도 나중에 유혹을 이기지 못하고 세상과 타협한 버가모 교회와는 다른 칭찬이었습니다. 두아디라 교회는 끝이 더 좋은 교회였던 것입니다. 가면 갈수록 처음보다 더 잘한 교회였습니다.

두아디라 교회를 향한 질책

1. 죄의 문제를 용납하므로 거룩함을 잃어버렸습니다.

두아디라 교회는 주님의 칭찬이 무색할 정도로 큰 질책을 받았습니다. 이유는 '이세벨'로 대표되는 음란과 우상숭배, 그 제물을 먹는 등 하나님 앞에 음행의 죄를 저질렀기 때문입니다. 두아디라 교회는 사업, 사랑, 믿음, 섬김과 인내가 없어서가 아니라, 자기 방식대로 하나님을 섬기는 문제를 안고 있었던 것입니다. 하나님의 말씀으로 살지 않고 내 기준과 방식대로 죄의 문제를 용납했고 그 결과, 교회는 거룩함, 성결함을 잃고 말았습니다.

… 자칭 선지자라 하는 여자 이세벨을 네가 용납함이니… 계 2:20

2. 회개의 기회를 주었으나 회개하지 않고 죄 된 행동을 멈추지 않았습니다.

교회의 거룩함을 훼손한 두아디라 교회의 문제는 이처럼 죄를 용납함에서 끝난 것이 아니었습니다. 하나님이 회개의 기회를 주셨으나 회개하지 않고 죄 된 행동을 멈추지 않았던 것이 더 심각한 문제였습니다. 그 결과, 무서운 심판이 예고되었습니다.

[21] 또 내가 그에게 회개할 기회를 주었으되 자기의 음행을 회개하고자 하지 아니하는도다 [22] 볼지어다 내가 그를 침상에 던질 터이요 또 그와 더불어 간음하는 자들도 만일 그의 행위를 회개하지 아니하면 큰 환

난 가운데에 던지고 [23] 또 내가 사망으로 그의 자녀를 죽이리니 모든 교회가 나는 사람의 뜻과 마음을 살피는 자인 줄 알지라 내가 너희 각 사람의 행위대로 갚아 주리라 계 2:21-23

질책에 담긴 하나님의 진심

분명 하나님은 두아디라 교회에 회개할 기회를 주셨습니다. 질책에 담긴 하나님의 진심은 심판이 아니라 지금이라도 죄를 깨닫고 회개하며 돌아오기를 원하시는 아버지의 마음입니다. 자녀가 잘못했을 때 징계하는 이유가 옳은 길로 돌아오기를 바라는 것처럼 하나님은 죄의 유혹에 연약한 우리가 회개하고 거룩한 삶을 회복하기를 바라고 계십니다.

… 오래 참으사 아무도 ______하지 아니하고 다 ______하기에 이르기를 원하시느니라 벧후 3:9

… 모든 사람이 ______을 받으며 딤전 2:4

이렇듯 회개하고 돌이켜 말씀대로 살고자 하는 이들에게 하나님이 주시는 축복의 약속이 있습니다. 두아디라 교회를 향한 언약의 말씀이 우리를 위한 말씀이 될 수 있습니다.

[26]이기는 자와 끝까지 내 일을 지키는 그에게 만국을 다스리는 권세를
주리니 [27]그가 철장을 가지고 그들을 다스려 질그릇 깨뜨리는 것과 같
이 하리라 나도 내 아버지께 받은 것이 그러하니라 [28]내가 또 그에게 새
벽 별을 주리라 [29]귀 있는 자는 성령이 교회들에게 하시는 말씀을 들
을지어다 계 2:26-29

1. 만국을 다스릴 권세를 주십니다. 권세는 통치권, 지배권입니다.

2. 새벽 별을 주십니다. 새벽 별은 주님 자신이십니다. 곧 주님과 동행하는 삶입니다.

어떻게 살 것인가?

회개하며 말씀대로 살고자 하는 사람들에게 허락하신 복을 누리기 위해 우리가 택해야 할 삶의 태도는 무엇입니까? 미국 새들백교회 릭 워렌(Rick Warren) 목사는 다음 세 가지를 제시합니다.

1. 세상을 향해 크리스천임을 떳떳이 밝히라.
2. 성경에 반하는 가치와 문화, 죄에 대해 '아니오!'라고 말하라.
3. 서로의 삶에 책임지는 소그룹(accountability group)을 형성하라.

(딤후 2:22) ____________________

____

내 삶에 적용하기

1. 나의 생각과 기준으로 알게 모르게 용납하는 죄가 있습니까? 나는 나의 죄에 대해 단호한지 아니면 관대한지 생각해봅시다.

2. 릭 워렌 목사가 제시하는 방법들을 어떻게 실천할 수 있습니까?

구분	나의 현재	나의 결단
세상을 향해 크리스천임을 떳떳이 밝히라		
성경에 반하는 것에 '아니오!' 라고 말하라		
서로의 삶을 돕는 소그룹을 형성하라		

묵상&기도

두아디라 교회는 끝이 더 좋은 교회였습니다. 그러나 하나님 앞에 음행의 죄를 저지르고, 자기 방식대로 하나님을 섬기면서 죄의 문제를 용납했습니다. 그 결과 거룩함을 잃어버렸습니다. 그런데도 회개하지 않고 죄 된 행동을 멈추지 않아 무서운 심판을 예고 받습니다.

◆ 묵상 질문

나는 거룩한 성도로서 속히 회개하고 돌이켜야 할 죄의 문제를 회피하거나 모른 척 살고 있지 않습니까?

내 힘과 의지만으로 해결되지 않는 죄의 문제를 하나님 앞에 내려놓고 그분의 도우심을 구하는 기도를 드리고 있습니까?

◆ 깊이 묵상하기

지침

1. 주님께 질문하십시오.
2. 믿음을 가지고 그분의 응답을 기다리십시오.
3. 하나님이 응답하시면, 그것이 당신의 삶에서 갖는 의미가 무엇인지 생각해 보십시오.
4. 주님의 생각에 당신의 선택과 행동을 일치시키겠다고 구체적으로 고백하십시오.

◆ 주님과 대화하기

지침

기도 제목을 나누십시오.

묵상 노트

Part.5

죽음에서 생명으로

사데 교회에게

1사데 교회의 사자에게 편지하라 하나님의 일곱 영과
일곱 별을 가지신 이가 이르시되 내가 네 행위를 아노니
네가 살았다 하는 이름은 가졌으나 죽은 자로다
2너는 일깨어 그 남은 바 죽게 된 것을 굳건하게 하라
내 하나님 앞에 네 행위의 온전한 것을 찾지 못하였노니
3그러므로 네가 어떻게 받았으며 어떻게 들었는지 생각하고 지켜 회개하라
만일 일깨지 아니하면 내가 도둑 같이 이르리니
어느 때에 네게 이를는지 네가 알지 못하리라
4그러나 사데에 그 옷을 더럽히지 아니한 자 몇 명이 네게 있어
흰 옷을 입고 나와 함께 다니리니 그들은 합당한 자인 연고라
5이기는 자는 이와 같이 흰 옷을 입을 것이요 내가 그 이름을 생명책에서
결코 지우지 아니하고 그 이름을 내 아버지 앞과 그의 천사들 앞에서 시인하리라
6귀 있는 자는 성령이 교회들에게 하시는 말씀을 들을지어다

계 3:1–6

'죽은' 교회라고 부르는 이유

사데는 '아디라'라는 지역에서 남동쪽으로 48km 정도 떨어진 곳에 있는 내륙 도시로서 양털 염색과 옷감을 만드는 직물공업이 발달했던 도시입니다. 특히 가까이 있는 팍톨로즈 강에서 생산되는 사금이 유명하여 많은 상인이 모여들었고, 상업적으로도 번성했던 지역입니다.

지리적으로는 여러 내륙도로가 만나는 곳으로 페르시아의 정복자 고레스에 의해 정복당하기 전까지 영화를 누렸고 지형적으로는 대부분 높은 암벽으로 되어 있어 적으로부터 단 두 번밖에는 점령당한 적이 없는 완벽한 도시였습니다. 그러다 보니 사람들은 게으르고 나태해졌으며 도덕적으로는 문란하고, 퇴폐적인 풍조가 만연했습니다.

종교적으로는 거짓 선지자나 이단의 공격이 없다보니 신앙생활에도 열심을 내지 않게 되었고 결국, 교회도 이름뿐인 성도와 교회의 모습만 남게 되었습니다. 그래서 '살았다 하는 이름은 가졌으나 죽은 자'라고 주님은 사데 교회를 향하여 책망하십니다. 교회의 건물은 있는데 생명이신 주님이 없다면 그것은 죽은 교회이기 때문입니다.

> 사데 교회의 사자에게 편지하라 하나님의 일곱 영과 일곱 별을 가지신 이가 이르시되 내가 네 행위를 아노니 네가 살았다 하는 이름은 가졌으나 죽은 자로다 계 3:1

"이름은 가졌으나"는 NIV 영어 성경에서 이렇게 표현합니다.
"you have a reputation of being alive" 즉 "네가 살아있다는 명성(이름)은 가졌으나"
이 표현에서 사데 교회의 모습을 상상해 보면 겉모양이 화려하거나 건물이 큰 교회의 모습이 떠오를 수도 있습니다. 그러나 그 교회를 향해 '죽은' 교회라고 한 것은 영적인 몸부림, 갈망이 없기 때문입니다.

영국 런던에서 다섯 살짜리 어린 여자아이가 넘어져서 손목이 부러졌는데 아이가 울지도 않고 엄마에게 "엄마, 내 손목이 이상해요. 구부러졌어요."라고 말했답니다. 엄마가 놀라서 병원으로 데려가 치료를 하면서도 참 이상하다고 생각했습니다. 그 아이가 일곱 살이 된 어느 날 갑자기 절뚝거리며 걷는 것입니다. 병원에 갔더니 넓적다리뼈에 금이 갔는데 문제는 아이가 전혀 통증을 느끼지 못하는 갱글리뉴로파디'(ganglineuropathy)라는 병에 걸린 것입니다. 그런데 이 병은 치료방법이 없어 평생 통증을 못 느끼고 살아야 하는 무서운 병이라고 합니다.

고통을 느끼지 못하는 것은 결코 좋은 일이 아닙니다. 아플 때는 아픔을 느껴야 합니다. 아픔을 느끼지 못하면 상처가 나도, 병이 들어도 그것을 모릅니다.

사데 교회는 그런 무서운 무통증에 걸려 있었습니다. 그래서 살아 있으나 죽었다고 표현한 것입니다. 마치 중세 교회가 면죄부를 팔아 큰 교회 건물을 지었던 것처럼 겉은 화려하나 속은 죽은 것입니다.

오늘날 교회를 보면 그 조직을 유지하기 위해 교권 다툼이 끊이지 않습니다. 교회를 효율적으로 운영하기 위하여 만들었던 조직이 언제부터인가 권세가 되었고 그 권위에 도전하면 가차 없이 정죄합니다. 심지어 교회가 세상 법에 따라 판단하려 합니다. 그런데 참 이상한 것은 권력을 행사할수록 세상에서 교회의 영향력은 사라진다는 것입니다.

이름은 있지만, 죽은 교회의 특징은 '영향력이 없다'는 것입니다. 예수님께서 우리를 향하여 '빛과 소금'이 되라고 말씀하셨기에 교회가 가는 곳에는 영적인 갈급함이 일어나고, 빛이 있는 곳에 어둠이 물러나야 합니다. 그런데 더 이상 그런 일이 일어나지 않는 것은 살아있지만 존재감이 없기 때문입니다. 이처럼 비참한 일이 또 있을까요? 믿지 않는 사람들이 교회와 그리스도인에 대하여 관심이 없고 무시한다면 얼마나 불행한 일인가요?

『목적이 이끄는 교회』를 쓴 릭 워렌 목사님은 새들백교회를 시작하기 전에 사람들에게 교회에 나가지 않는 이유를 조사했는데 다음과 같이 4가지로 나왔습니다.

1. 예배와 설교가 너무 지루하고 실제적이지 못하다.
2. 기존 성도들이 위선적이고 불친절하다.
3. 교회가 사람들보다 물질에 더 관심을 가지고 있다.
4. 자녀들을 위한 유익한 프로그램이 부족하다.

교회가 더 이상 사람들에게 매력적이지 않다는 것은 그만큼 영향력을 잃었다는 것입니다. 교회는 이 세상을 움직이고 방향을 제시함으로써 교회의 영향력을 발휘해야 합니다. 그리고 그 교회를 이끌어 가시는 분은 주님이십니다. 그 주님을 요한계시록 3장 1절은 "하나님의 일곱 영과 일곱 별을 가지신 이"라고 말씀합니다.

여기서 '하나님의 영'이라는 말은 '성령'을 의미합니다. 요한복음 14장에는 성령의 특징이 잘 나타나 있습니다. 성령은 모든 것을 깨닫게 하시고, 가르치시며, 우리를 도우십니다. '일곱'이라는 숫자는 요한계시록에서 언급되는 일곱 교회가 될 수도 있지만, 당시 일곱이 완전 숫자를 의미한다면 모든 교회를 온전히 돌보시는 하나님의 영이신 예수님으로 생각할 수 있습니다.

그리고 '별'의 의미는 "교회를 보호하고 책임져야 하는 천사"를 가리킵니다. 어둠 속에서 빛나는 별은 방향을 지시하고 어둠을 밝히는데 예수님은 바로 이런 모든 권세와 능력을 가지신 분입니다. 그래서 사데 교회를 책망하실 뿐만 아니라 돌보시고 방향을 제시해 주십니다.

오늘날 우리는 교회를 향하여 '교회 안에 머리되신 주님이 계신가?'를 반드시 질문해야 합니다. 하나님의 영과 멀어진 교회는 필연적으로 교회의 본질을 잃어버리게 됩니다.

믿음을 점검하라

그렇다면 사데 교회의 문제는 무엇입니까? 요한계시록 3장 3절에서 "회개하라"고 말씀하신 것은 아마도 끊임없이 내려오는 잘못된 악의 씨가 교회 안에 있었기 때문입니다. 예수님 당시에도 바리새인들은 경건하다는 명성을 얻기 위해 구제를 했고, 오래 기도했고, 금식을 했습니다. 그리고 금식한 표를 내기 위해 얼굴을 흉하게 하기도 했습니다. 예수님은 그들의 모든 행위가 사람들에게 보이기 위한 것이라고 말씀하셨습니다.

> 화 있을진저 외식하는 서기관들과 바리새인들이여 회칠한 무덤 같으니 겉으로는 아름답게 보이나 그 안에는 죽은 사람의 뼈와 모든 더러운 것이 가득하도다 마 23:27

사도 바울은 초대교회에 있었던 그런 행위에 대해 날카롭게 지적합니다.

> 경건의 모양은 있으나 경건의 능력은 부인하니 이같은 자들에게서 네가 돌아서라 딤후 3:5

이러한 행위를 한 단어로 말한다면 '위선'입니다. 어원인 '휘포크리테스'(Hypocrites)는 본래 무대에서 연기하는 배우를 뜻했지만 나중에는 '가면놀이'라는 말로 쓰이기도 했습니다. 바로 이런 위선이 우리 예배와 신앙 가운데 있을 수 있습니다. 그런 우리에게 주님이 기대하시는 바가 무엇일까요?

> 그러므로 네가 어떻게 받았으며 어떻게 들었는지 생각하고 지켜 회개하라 만일 일깨지 아니하면 내가 도둑 같이 이르리니 어느 때에 네게 이를

는지 네가 알지 못하리라 계 3:3

3절 말씀은 우리의 믿음을 점검하기 위해 '어떻게 받았으며', '어떻게 들었는지'를 생각해 보라는 것입니다. 즉, 그 말은 은혜 받았던 때의 기쁨과 감격을 생각해 보라는 것입니다. 문제는 우리가 뿌리 깊은 '원죄' 때문에 은혜 받은 그 기억을 잊어버리고 과거의 습관으로 다시 돌아간다는 것입니다. 이것은 불순종이 우리 속에 끊임없이 있기 때문입니다. 그래서 은혜는 죄로 돌아가려는 인간을 잡아주는 버팀목이 됩니다.

어거스틴은 인간의 죄를 '무(無)로 돌아가려는 경향'이라고 말합니다. 마치 고무줄을 잡아당기면 다시 돌아가려는 것과 같습니다. 우리가 '회개했다'는 것은 우리의 몸을 돌렸다는 것이지만 우리에게는 여전히 육신의 욕망이 있기 때문에 잠시만 방심하면 죄악으로 돌아가려고 합니다.

그래서 은혜의 삶을 산다는 것은 팽팽한 영적 긴장을 경험한 사람들에게 찾아오는 평안함과 기쁨입니다. 이것을 위해서 우리는 무엇보다 영적인 갈급함을 회복해야 합니다. 그래야 주님이 오시는 심판의 때를 준비할 수 있습니다. 왜냐하면, 주님이 찾아오시는 심판의 그때가 언제 이를지 모르기 때문입니다.

칭찬할 것이 없는 교회에 대한 기대

사데 교회는 칭찬할 것이 없는 책망 받는 교회였습니다. 하지만 주님은 책망으로 끝내지 않으시고 사데 교회에 대한 기대를 나타내십니다.

> 4그러나 사데에 그 옷을 더럽히지 아니한 자 몇 명이 네게 있어 흰 옷을
> 입고 나와 함께 다니리니 그들은 합당한 자인 연고라 5이기는 자는 이와
> 같이 흰 옷을 입을 것이요 내가 그 이름을 생명책에서 결코 지우지 아니
> 하고 그 이름을 내 아버지 앞과 그의 천사들 앞에서 시인하리라 계 3:4-5

사데 교회에는 아직도 소망이 있고, 주님의 기대가 있는데, 그 이유는 옷을 더럽히지 않은 사람이 있었기 때문입니다.

이사야 6장 1절은 "웃시야 왕이 죽던 해에"로 시작합니다. 그때는 이스라엘이 가장 패역하여 나라가 망하고 소망이 없던 시기로 하나님께서 선지자 이사야를 부르셔서 그에게 환상을 주셨습니다. 그것은 '남겨진 자, 그루터기'가 있다는 것입니다.

집회를 가면 적게 모인 성도들 때문에 안절부절 하는 목사님에게 제가 늘 하는 말이 있습니다.

"모이지 않는 것 때문에 너무 걱정하지 마십시오. 여기에 모인 자 중에 쓰임 받는 자가 있으면 됩니다. 그 쓰임 받는 자를 통해 일어

나는 새로운 부흥이 '살아 있는 부흥'입니다."

요한계시록 3장 5절 말씀은 이러한 자를 가리켜서 "이기는 자"라고 말씀합니다. 그리고 이 사람들의 이름을 '생명책'에 기록하고 '결코 지우지 않겠다'고 약속하십니다. 사도 바울이 고린도 교회에 보낸 편지를 보면 강한 훈계만 있는 것이 아니라 애정 어린 관심과 사랑도 있습니다. 어쩌면 지중해 연안에 있는 안정된 교회보다 걱정거리가 많았던 고린도 교회에 대한 관심과 애착인지도 모릅니다. 그런데 교회는 그런 불안한 상황 속에서 빛을 발합니다. 우리가 우리의 한계를 인정하고 그분의 도우심을 구할 때 주님의 관심과 사랑이 나타납니다. 우리를 향하신 주님의 기대는 변화될 우리에 대한 가능성이지 지금 우리의 모습이 아니기 때문입니다.

『교회, 나의 고민 나의 사랑』의 저자 필립 얀시는 그의 책에서 이렇게 말합니다.

"솔직히, 자신의 필요를 인정하지 않는 사람들에게 복음이 줄 게 별로 없다. 예수님은 심령이 가난한 자, 애통하는 자, 박해받는 자가 복이 있다고 하셨다. 기본적인 회개를 하려면 하나님 앞에 엎드려, 오직 하나님만이 (나 자신이 아니라) 내게 삶의 길을 가르쳐 주실 유일한 분임을 인정해야 한다. (어쩌면 그래서 예수님은 부자를 천국에 들어가기 가장 힘든 부류로 꼽으셨는지도 모른다.)"

하나님의 소망은 끝까지 남겨진 거룩한 사람들, 즉 남겨진 그루터기를 통해서 이루어집니다. 하나님께서 죄악이 가득한 세상을 홍수로 멸망하시기로 작정하셨을 때, 당대의 의인이었던 노아의 가정을 통해 구원의 역사를 이루셨습니다. 요한계시록 3장 4절에도 "그 옷을 더럽히지 아니한 자 몇 명이 네게 있어"라고 말씀합니다. "옷을 더럽히지 아니했다"라는 말은 세상의 유혹에 물들지 않고 예수 그리스도에 대한 믿음의 열정과 구원의 감격을 가지고 믿음을 끝까지 지킨 성도들을 말합니다. 초대교회 당시 누구나 쉽게 빠질 수 있었던 우상숭배의 유혹에 빠지지 않고 하나님만을 진실로 경외하던 성도들, 그들이 바로 옷을 더럽히지 아니한 자들입니다.

당시 사데 지역에서는 옷이 지저분하면 시민의 명단에서 삭제했다는 흥미로운 기록이 있는데 그것은 로마의 시민으로서 품위를 유지하기 위해서입니다. 세상에서도 신분을 유지하기 위해 지켜야 할 깨끗함이 있듯이 하나님의 백성으로서 지켜야 할 깨끗함은 영적인 거룩함입니다. 그것을 유지하기는 매우 힘들지만 우리에게 소망이 있는 것은 주님이 우리를 새롭게 하시는 능력이 있기 때문입니다.

성지순례를 하며 사데 교회에서 예배를 드린 적이 있습니다. 옛 교회의 터에서 예배를 드리는데, 밖으로 커다란 아데미 신전의 기둥이 보였습니다. 그렇게 큰 신전 옆에 있는 작은 교회의 터를 보면서 묘한 기분이 들었습니다. '교회가 신전 옆에 함께 있는데 얼마나 영향력이 없었으면 그 옆에 보잘것없는 작은 터로 남게 되었을까?' 하는 생각과 함께 이런 질문이 떠올랐습니다. '우리 몸이 하나님의 거룩한 성전인데, 우리 옆에 거대한 기둥처럼 존재하는 우상은 무엇일까? 그것을 깨닫지 못할 정도로 영적으로 무뎌진 것은 아닐까?'

성지순례팀과 예배를 드리는데 일부는 바닥에 앉아서, 또 다른 일부는 벽에 기대어 드렸습니다. 그런데 담벼락에는 가시나무가 자라고 있어서 그곳에 서 있는 사람들은 불편하지만 조심하는 모습이었고 다른 곳에 자리 잡은 사람들은 아무런 경계심 없이 편안하게 예배를 드렸습니다.

그 순간 제 머릿속에 떠오른 것이 사데 교회의 모습이었습니다. '너무나 편안하고 부유한 그들에게 신앙은 무엇이었을까? 경계할 것이 없어 민감함이 사라진 그들의 모습은 영향력을 상실한 교회의 모습이 아닐까?' 하는 생각이었습니다.

끝까지 남은 자들

요한계시록 3장 5절 말씀에 사데의 많은 사람이 옷을 더럽혔지만, 거룩함을 지키고 회개한 자들, 즉 흰옷을 입은 자들은 천국에서 하나님과 함께 거하게 될 것이고 그들이 바로 하나님 나라에 들어가는데 합당한 자라고 합니다. 하나님은 당신의 백성들의 이름이 새겨진 책을 가지고 계시지만 영적으로 죽은 자들의 이름은 거기에 없습니다.

요한계시록 20장 11-15절에도 어느 날 책들이 열리고 죽은 자들이 이 책들에 기록된 대로 심판을 받고 생명책에 이름이 기록되지 못한 자는 누구든지 불못에 던져질 것이라는 말씀이 있습니다.

필립 얀시의 책, 『교회, 나의 고민 나의 사랑』에 보면 중증 장애아들에게 헌신한 소아과 의사 위르겐 트로기쉬 박사의 이야기가 나옵니다.

교회가 사명을 다할 때 생기는 부산물 중 흔히 간과되는 것 하나를 짚고 싶다. 우리는 사역의 대상들에게 집중하는 경향이 있다. 영혼들을 그리스도께 인도하고, 부부 관계를 살려내고, 가난한 사람들에게 숙식을 제공하고, 집 밖으로 나오지 못하는 노인들을 방문하고, 십 대 아이들에게 도전을 준다. 하지만 신약성경을 읽노라면 예수님은 사역하는 자들이 받는 영향에도 똑같이 관심을 두신 것 같다.

누가복음 10장 20절에 보면 72인의 제자들이 돌아와 그들이 거둔 굉장한 결과를 신이 나서 보고하자 예수님은 잠시 함께 기뻐하신 뒤에 이렇게 말씀하셨다.

"그러나 귀신들이 너희에게 항복하는 것으로 기뻐하지 말고 너희 이름이 하늘에 기록된 것으로 기뻐하라 하시니라"

분명히 예수님께는 그들이 밖에서 하고 온 일 못지않게 제자들 속에 벌어지고 있는 일도 중요했다.

"우리가 교회에 등록되었다고 하나님의 생명책에도 기록된 것을 확신할 수 있을까요?"

이 질문은 예수님께서 제자들에게 "너희의 이름이 하늘에 기록된 것으로 기뻐하라!"고 하신 말씀을 새롭게 들리게 합니다. 또한, 요한계시록 3장 5절의 말씀이 얼마나 복된 말씀인지를 알게 해줍니다.

> 이기는 자는 이와 같이 흰 옷을 입을 것이요 내가 그 이름을 생명책에서 결코 지우지 아니하고 그 이름을 내 아버지 앞과 그의 천사들 앞에서 시인하리라 계 3:5

우리나라 호적에 보면 사망자의 이름 위에 붉게 X로 긋는데 이것은 지운다는 뜻입니다. 그런데 생명책에서 이름을 지우지 않겠다는 것은 주님과 우리의 관계가 죽음과 심판의 두려움에서 벗어나 영원히 지속될 것을 약속하는 말입니다. 그런데 여기서 끝나지 않습니다. "내 아버지 앞과 그 천사들 앞에서 시인하리라"라고 말씀하십니다. 영어 NIV 성경은 "하나님께서 너희의 이름을 알게 하리라"에서 '알게 하리라'를 'acknowledge'라는 단어로 표현했습니다. 본래 '시인하다'라는 단어는 헬라어의 '호몰로게오'라는 말인데 이는 법정에서 진술되는 모든 것을 인정한다는 것입니다.

마지막 심판의 때에 끝까지 깨끗함을 유지한 자를 주님이 인정하시며, 그것을 하늘의 모든 이들이 알게 되는 날이 오게 된다는 말입니다. 우리의 피나는 노력과 거룩함이 드러나지 않는 것처럼 보여도 결코 그렇지 않습니다. 끝까지 남은 자들은 주님이 아시고 인정해 주실 날이 반드시 옵니다! 그러므로 보이는 것에만 안주하는 죽은 자처럼 살지 말고 끝까지 영적인 순결함을 지키며 흰 옷을 입을 최후의 승리의 날을 향해 굳건하게 나아가십시오.

생각열기

※ 아래의 이야기를 읽고 다음의 질문에 대하여 생각해보십시오.

흔히 뇌간이 죽은 상태를 '뇌사 상태'라고 합니다. 사람이 최소 생명을 유지하는 데 필요한 모든 말초신경은 뇌간을 지나게 되는데, 뇌간이 죽을 경우 뇌뿐만 아니라 인체의 모든 기능이 멈추게 됩니다. 뇌사 상태의 환자에게서 산소 호흡기를 제거할 경우 수명은 끝나게 됩니다.

뇌간은 중추신경과 뇌로 연결되는 부위에 위치하고 있습니다. 이 부위를 흔히 생명의 자리라고 하는데 이 부위에 출혈이 심하거나 신경 손상이 심할 경우 곧 바로 뇌사 상태로 이어지게 됩니다.

대뇌의 기능이 멈추고 뇌간이 살아있는 상태를 식물인간이라 합니다. 하지만 뇌간이 죽을 경우, 대뇌도 죽게 되고 생명 역시 끝나게 됩니다.

'살아 있으나 산 것이 아니다'라는 것은 어떤 의미일까요?

배워보기

사데 교회에 찾아오신 주님

사데 교회는 지정학적으로 좋은 여건과 환경을 가지고 있었습니다. 그러나 그 좋은 조건이 오히려 나태함을 만들었고 아무런 영향력이 없는 단지 이름뿐인 교회와 성도가 되게 했습니다. 그래서 '네가 살았다 하는 이름은 가졌으나 죽은 자'라는 책망을 주님께 듣습니다. 죽은 것은 고통을 느끼지 못하고 무감각합니다. 사데 교회는 영적으로 무감각했고 그것의 심각성을 깨닫지 못했습니다. 그런 사데 교회에 주님이 찾아오셨습니다.

> 사데 교회의 사자에게 편지하라 하나님의 일곱 영과 일곱 별을 가지신 이가 이르시되 내가 네 행위를 아노니 네가 살았다 하는 이름은 가졌으나 죽은 자로다 계 3:1

성경은 그 주님을 "하나님의 일곱 영과 일곱 별을 가지신 이"라고 표현합니다.

1. 하나님의 영은__________을 의미합니다.

성령님은 모든 것을 깨닫게 하시고, 가르치시며, 우리를 도우시는 분입니다. 하나님의 영은 사데 교회를 책망하는 것이 목적이 아니라 그들을 일깨우고 돌보시기 위해 찾아오신 것입니다.

2. 하나님의 별은 교회를 보호하고 책임져야 하는____________를 의미합니다.

빛나는 별은 어둠을 밝혀주고 길의 방향을 가르쳐 줍니다. 주님은 이 별들을 통하여 사데 교회가 가야 할 방향을 가르쳐 주시기 위해 찾아오신 것입니다.

교회를 향한 하나님의 기대

아무것도 칭찬할 것이 없는, 오히려 책망뿐인 사데 교회에도 주님의 기대가 있었습니다. 그것은 그곳에 아직 옷을 더럽히지 않은, 즉 믿음을 지키고 있는 자들에 대한 기대입니다.

1. 이사야 6장에서는 그 남겨진 거룩한 씨가__________라고 말씀합니다.

그 중에 십분의 일이 아직 남아 있을지라도 이것도 황폐하게 될 것이나 밤나무와 상수리나무가 베임을 당하여도 그 그루터기는 남아 있는 것 같이 거룩한 씨가 이 땅의 그루터기니라 하시더라 사 6:13

2. 요한계시록 3장 5절의 말씀은 이러한 자를 가리켜________라고 말씀합니다.

이기는 자는 이와 같이 흰 옷을 입을 것이요 내가 그 이름을 생명책에서 결코 지우지 아니하고 그 이름을 내 아버지 앞과 그의 천사들 앞에서 시인하리라 계 3:5

돌이켜야 할 것

주님의 기대를 따라 교회는 위선과 가면을 벗고 다시 말씀과 은혜 앞에서 돌이켜야 합니다.
그래서 주님이 다시 오실 때까지 받은 은혜에 대하여 2가지를 해야 한다고 이야기합니다.

네가 은혜를 어떻게 받았으며, 어떻게 들었는지 __________하고 __________하라는 것입니다.

그러므로 네가 어떻게 받았으며 어떻게 들었는지 생각하고 지켜 회개하라 만일 일깨지 아니하면 내가 도둑 같이 이르리니 어느 때에 네게 이를는지 네가 알지 못하리라 계 3:3

신앙의 문제는 믿음의 문제도 있지만, 생각하지 않는 신앙인의 문제도 있습니다. 이전에 받은 은혜를 생각하지 않고 기억하지 않는 것은 죄로 돌아가려는 가능성을 열어두는 것과 같습니다. 그러므로 죄의 습관으로 다시 돌아가지 않기 위해서는 받은 은혜를 '생각'하고 마음을 '지켜' 죄로부터 '회개'해야 합니다.

이기는 자의 복

사데 교회에 많은 사람이 옷을 더럽혔지만, 그러나 끝까지 거룩함을 지키고 회개한 자들, 즉 이기는 자들에게 다음과 같은 복을 약속하셨습니다.

1. __________을 입을 것이며,
2. 그 이름을__________에서 결코 지우지 아니하고,
3. 그 이름을 내 아버지의 앞과 그의 천사들 앞에서 __________하리라.

> 이기는 자는 이와 같이 흰 옷을 입을 것이요 내가 그 이름을 생명책에서 결코 지우지 아니하고 그 이름을 내 아버지 앞과 그의 천사들 앞에서 시인하리라 계 3:5

주님이 다시 오실 때까지 교회와 우리의 사명은 구원의 은혜를 잊지 않고 죄의 길로 다시 돌아가지 않도록 우리의 마음과 생각을 지키는 일입니다. 그리하면 주님은 그 날에 우리를 위하여 흰 예복을 준비하시고 생명책에 기록된 우리의 이름을 하나님과 천사들 앞에서 증언하시며 칭찬하실 것입니다.

내 삶에 적용하기

1. 사데 교회는 영적으로 무감각했고 그것의 심각성을 깨닫지 못했습니다. 신앙의 무감각과 무관심이 찾아오지 않게 하기 위한 내 삶에 필요한 영적인 자극제는 무엇입니까?

2. 죄의 습관으로 다시 돌아가지 않기 위해서는 받은 은혜를 생각하고 마음을 지켜 죄로부터 회개해야 합니다. 그렇다면 내가 받은 은혜는 무엇이며, 어떻게 마음을 지키고, 어떤 죄를 회개해야 합

니까?

내가 받은 은혜 ________________________________

마음을 지키는 방법 ____________________________

회개해야 할 죄 ________________________________

3. 책망뿐인 사데 교회에도 믿음을 지키는 자들 때문에 하나님의 기대가 있었습니다. 가치관이 혼란스러운 시대에 가정에서, 일터에서 신앙을 지켜가기 위한 나만의 영적인 도구를 찾아보십시오.

묵상&기도

'살았다 하는 이름은 가졌으나 죽은 자'라는 책망을 들은 사데 교회는 영적으로 무감각했고, 그것의 심각성을 깨닫지 못했습니다. 그러나 아무것도 칭찬할 것이 없는 사데 교회에도 믿음을 지키는 자들 때문에 주님의 기대가 있었습니다. 그리고 주님은 거룩함을 지키고 회개한 자들, 즉 이기는 자들에게 흰옷을 입고 그 이름을 생명책에서 지우지 않으며, 하나님과 천사들 앞에서 그 이름을 부르겠다고 약속하셨습니다.

◆ 묵상 질문

나는 살아 있는 것 같으나 죽어 있는, 이름뿐인 신앙생활을 하고 있지는 않습니까?

돌이켜 회개할 것이 있다면 적어보고 주님의 도우심을 구하며 기도해봅시다.

◆ 깊이 묵상하기

지침

1. 주님께 질문하십시오.
2. 믿음을 가지고 그분의 응답을 기다리십시오.

3. 하나님이 응답하시면, 그것이 당신의 삶에서 갖는 의미가 무엇인지 생각해 보십시오.
4. 주님의 생각에 당신의 선택과 행동을 일치시키겠다고 구체적으로 고백하십시오.

◆ 주님과 대화하기

지침

기도 제목을 나누십시오.

Part.6

작은 능력으로 충분하다

빌라델비아 교회에게

[7]빌라델비아 교회의 사자에게 편지하라
거룩하고 진실하사 다윗의 열쇠를 가지신 이 곧 열면 닫을 사람이 없고
닫으면 열 사람이 없는 그가 이르시되
[8]볼지어다 내가 네 앞에 열린 문을 두었으되 능히 닫을 사람이 없으리라
내가 네 행위를 아노니 네가 작은 능력을 가지고서도 내 말을 지키며
내 이름을 배반하지 아니하였도다
[9]보라 사탄의 회당 곧 자칭 유대인이라 하나
그렇지 아니하고 거짓말 하는 자들 중에서 몇을 네게 주어
그들로 와서 네 발 앞에 절하게 하고 내가 너를 사랑하는 줄을 알게 하리라
[10]네가 나의 인내의 말씀을 지켰은즉 내가 또한 너를 지켜
시험의 때를 면하게 하리니 이는 장차 온 세상에 임하여
땅에 거하는 자들을 시험할 때라
[11]내가 속히 오리니 네가 가진 것을 굳게 잡아
아무도 네 면류관을 빼앗지 못하게 하라
[12]이기는 자는 내 하나님 성전에 기둥이 되게 하리니
그가 결코 다시 나가지 아니하리라 내가 하나님의 이름과 하나님의 성
곧 하늘에서 내 하나님께로부터 내려오는 새 예루살렘의 이름과
나의 새 이름을 그이 위에 기록하리라
[13]귀 있는 자는 성령이 교회들에게 하시는 말씀을 들을지어다

계 3:7-13

빌라델비아는 버가모의 왕 필라델푸스 앗탈루스 2세(Philadelphus Attalus Ⅱ, BC 159-138년경)가 자신의 동생을 위하여 건설한 도시로 그 이름에 '형제를 사랑하는 자'라는 의미가 담겨 있습니다. 사데 지역에서 동남쪽으로 40Km 정도 떨어진 내륙에 있는 이곳은 서방세계와 동방세계가 문화와 무역을 쉽게 하기 위해 이를 연결해주는 도로가 있었기에 로마로부터 드로아, 버가모, 사데를 지나오는 당시 최고의 교통요지로 주목을 받던 곳입니다.

그 결과 이 지역은 상업과 공업이 매우 발달하여 경제적으로 풍요를 누렸고 '작은 에덴'이라고 불릴 만큼 문화적으로 화려한 꽃을 피웠습니다. 특히 이곳은 포도가 특산물로 유명한 고원에 있는 도시였기 때문에 빌라델비아 교회가 성찬용 포도주를 공급했던 것으로 전해지고 있습니다.

AD 17년경에 소아시아 지역에 일어났던 큰 지진으로 도시가 파

괴되었을 때, 당시 로마의 황제였던 티베리우스가 이 도시를 재건했습니다. 이로 인해 이 도시 사람들은 황제에 대해 각별한 애정을 가지게 되었고, 황제의 신상을 세워 그를 숭배하였습니다. 이런 상황에서 예수를 그리스도라 고백하며 믿음을 지켜 나간다는 것은 결코 쉬운 일이 아니었습니다.

빌라델비아 교회를 찾아오신 예수님은 자신이 다윗의 열쇠를 가지셨으며, 자신이 열면 닫을 사람이 없고 닫으면 열 사람이 없다고 말씀하십니다. 다윗은 구약성경에서 하나님의 마음에 합한 자로서 장차 오실 그리스도를 상징하고 열쇠는 '권한', '권위'를 상징합니다. 우리의 심판과 구원, 영생, 최후의 승리를 보장하시는 모든 권한을 가지고 계신 주님께서 빌라델비아 교회를 찾아오셨고, 우리를 찾아오셨습니다.

믿음에 관한 심각한 착각

빌라델비아 교회를 향한 예수님의 말씀을 묵상하며 생각하게 된 것은 우리의 적은 능력으로 믿음을 지키는 것이 불가능하다는 것입니다. 그동안 믿음의 주체는 나 자신이라고 생각했는데 믿음의 능력은 나 때문이 아니라 하나님께서 나를 믿어주셨기 때문에 나타난다는 사실을 깨닫게 되었습니다. 오늘 우리가 예배할 수 있는 이유,

세상 속에서 나를 지키며 살아가는 이유가 바로 이 때문입니다.

그런데 우리 안에는 이런 의문이 생깁니다. '우리의 믿음만으로 가능할까?' 이미 우리의 약한 믿음 때문에 수 없이 좌절하고 실패한 경험이 있지만 그럼에도 우리가 믿음을 가지고 살아야 하는 이유는 하나님께서 우리를 끝까지 믿어주시기 때문입니다. 바로 이것이 빌라델비아 교회를 향해 주님께서 "네가 작은 능력을 가지고도 내 말을 지키며 내 이름을 배반하지 않았다"(8절)고 말씀하신 이유입니다.

'작은 능력'이라는 말은 '능력이 거의 없다'는 뜻입니다. 성도들의 당시 사회적인 신분으로 볼 때 보잘것없는 미약한 힘을 가지고 있으면서도 주님을 간절히 사랑하고 섬겼다는 것입니다. 그들의 능력은 비록 작았지만, 그들을 향한 주님의 믿음은 크셨습니다.

「행복한 동행」에 나오는 '믿는다는 것'이라는 제목의 글입니다.

광고 회사 중역인 메리 해리스가 일행과 식당에 들어가려는 참이었다. 행색이 초라한 남자가 다가와 그녀에게 도움을 청했다. 도와주고 싶었지만 때마침 현금이 없었다. 그러나 그녀는 남자를 외면하고 싶지 않아서 진지한 눈으로 물었다.

"당신을 믿어도 될까요?"

남자도 가만히 고개를 끄덕였다. 해리스는 자신의 신용카드를 건네주며 꼭 필요한 것을 사라고 했다. 일행이 하나같이 만류했지만 해리스는 뒤돌아 가는 남자를 믿기로 했다. 잠시 뒤, 남자가 돌아와서 말했다.

"죄송합니다. 좀 많이 썼어요."

그러면서 그는 카드와 영수증을 내밀었다. 영수증에는 25달러라는 금액과 냄새 제거제, 목욕 세제, 담배 한 갑, 생수 한 병의 목록이 찍혀 있었다. 남자는 카드를 돌려주면서 말했다.

"믿어줘서 고맙습니다."

사람들은 그가 카드를 가지고 도망갈 것이라 생각했지만, 그는 해리스의 믿음을 배신할 생각이 없었다. 오히려 그 일을 계기로 노숙자 생활을 청산하고 새로운 출발을 다지게 되었다. 자신을 믿어 주는 사람에게서 힘을 얻은 것이다.

빌라델비아 교회를 바라보며 그런 생각을 합니다. 그들은 아마도 주님께서 그들을 끝까지 믿어주시는 그 믿음 때문에 작은 믿음을 가지고도 신앙을 지킬 수 있었을 것입니다. 그렇다면, 지금 우리가 소유한 힘은 무엇인가요? 그것은 나의 믿음이 아닙니다. 지금도 나를 믿어주시고 나를 버리지 않으시는 주님이 우리의 능력입니다.

2011년 호주 코스타 집회에서 선물을 받았습니다. OMF(Overseas Missionary Fellowship)라는 선교단체의 손창남 선교사님께서 직접 쓰신 『족자비안 나이트』라는 책입니다. 족자카르타 선교사로 섬기면서 그곳에서의 신비한 경험을 토대로 책을 쓰신 것인데 그 책에 소개된 이야기입니다.

선교지에서 가장 견디기 어려운 시간 가운데 하나는 '내가 유용하지 못한 존재'라는 생각이 들 때다. 인도네시아어를 완벽하게 구사하는 것도 아니고, 인도네시아 문화를 완전하게 이해하는 것도 아니었다. 과연 내가 이곳에서 할 수 있는 일이 무엇일까를 물어봐도, 그 질문에 나 스스로 긍정적인 대답을 할 수 없었다.

3년 전 한국에서 선교훈련을 받으면서도 내 마음속에 있었던 가장 커다란 짐은 다른 것이 아니라 바로 선교지에 갔을 때 내가 쓸모없는 존재라는 것이 밝혀진다면 어떻게 할 것인가 하는 점이었다. 그런 생각을 하고 있을 때 함께 훈련을 받던 형제가 나에게 물었다.

"손 형제님, 만약 손 형제님이 선교지에 가서 할 일이 아무 것도 없다면 어떻게 하시겠습니까? 그곳에 계속 계시겠습니까, 아니면 본국으로 돌아오시겠습니까?"

대답을 못하고 우물쭈물 하고 있는 내게 그 형제가 해답을 주었다.

"어떤 분이 그러시더군요. 우리를 선교지에 머물게 하는 것은 사역의 성패가 아니라 주님이 우리를 그곳에 부르셨다고 하는 소명에 대한 '순종'이라고 말입니다."

그 말이 내 마음 깊은 곳을 울렸다. 그렇다. 순종이 제사보다 귀하지 않은가! 사역은 내 조급함으로 이루어지지 않는다. 주님의 섭리와 인도하심 속에서 이루어진다. 순종에 대한 시험은 기다림을 통해서 나타난다. 포기와 기다림은 다르다. 포기는 하나님이 하실 일에 대해 기대하지 않는 것이다. 그러나 기다림은 비록 부족하고 상황이 나빠도 하나님이 분명히 하실 것을 기대하는 믿음이다. 기다림은 순종이고 포기는 불순종이다.

우리의 작은 믿음에도 포기하지 않는 것은 우리를 끝까지 기대하시는 하나님의 믿음이 있기 때문입니다.

문은 계속 열려 있다

빌라델비아 교회에 관하여 말씀하는 요한계시록 3장에서 우리가 주목해야 할 단어가 하나 있습니다. 8절에 나와 있는 '열린 문'이라는 단어인데 NIV 영어 성경을 보면 의미가 좀 더 분명해집니다. "I have placed before you an open door that no one can shut"라고 되어 있습니다. 시제가 현재 완료형입니다. 이 문은 과거로부터 계속 우리에게 열려 있었고, 지금도 열린 문이라는 것입니다. 우리에게는 하나님께서 끊임없이 열어두신 가능성의 문, 기회의 문이 있습니다.

마태복음 7장 13-14절에도 보면 두 개의 문이 동시에 나와 있습니다. 하나는 좁은 문, 다른 하나는 넓은 문입니다. 지금 예수님의 사람으로 살아가는 우리 앞에 열려 있는 문은 좁은 문입니까, 넓은 문입니까?

한번 우리의 인생을 살펴봅시다. 우리는 믿음의 편에 섰다고 생각하는 순간 넓은 문을 만나게 됩니까, 아니면 좁은 문을 만나게 됩니까? 예수님의 뜻대로 살아가려고, 좋은 목회자로 살아가려고 몸부림치며 애쓸 때 제 앞에 있는 문은 언제나 힘들고 버거운 좁은 문이었습니다. 그런데 주님은 그 문이 우리를 향해 열려 있는 문이라고 말씀합니다.

종종 군에서 훈련을 받다 도중에 탈락하고 퇴소하는 사람들이 있습니다. 제가 훈련받을 때 듣게 된 유명한 일화가 있습니다. 한 장교 후보생이 행군을 하던 중 총이 무거우니까 민가에 버리고 갔습니다. 나중에 민가에서 신고가 들어왔고 총열 번호를 조회해서 이 후보생이 조사를 받게 되었습니다. 그러자 그 후보생은 "그 총 얼마예요? 사주면 되잖아요!"라고 당당하게 말했다가 퇴소를 당해 사병으로 가게 되었다고 합니다.

저는 힘든 훈련을 받고 중위 계급장을 달았습니다. 12주간 장교 훈련을 받으면서 체중이 12kg이나 빠졌고 얼굴도 까맣게 타서 심지어 임관식에 온 아내도 저를 알아보지 못했습니다. 그렇게 힘든 훈련을 감당한 후에 받는 중위 계급장에는 큰 영광과 감격이 있었습니다.

우리가 훈련을 감당할 수 있는 것은 훈련이 끝이 아니라, 훈련 이후의 영광이 기다리고 있기 때문입니다. 세상에서의 훈련도 인내하느냐 하지 않느냐에 따라 이렇게 달라지는데, 우리가 죽었을 때 영생의 문에 들어가느냐, 영원한 형벌에 떨어지느냐를 생각할 때, 이것이 얼마나 중요한 문제겠습니까? 우리가 심판이 있음을 알고, 심판 이후에 영생이 있음을 알기에 기꺼이 좁은 문으로 들어갈 수 있는 것, 바로 그것이 신앙인의 모습입니다.

시험의 때를 면하게 하다

이렇게 신앙을 지킨 빌라델비아 교회를 향해 주님께서 칭찬하십니다.

> 네가 나의 인내의 말씀을 지켰은즉 내가 또한 너를 지켜 시험의 때를 면하게 하리니 이는 장차 온 세상에 임하여 땅에 거하는 자들을 시험할 때라 계 3:10

인내의 말씀을 지킨 빌라델비아 교회를 향하여 시험의 때를 면하게 한다는 것은 우리가 이 세상에서 주어진 시험을 잘 감당하면 영원한 생명을 얻게 된다는 말씀입니다.

오늘날 우리는 '시험의 때'를 지나고 있습니다. 이 시험의 때를 통과하지 못하면 나중에 정말 감당할 수 없는 시험을 감당해야 하는데 심지어 크리스천들마저도 '관행'이라는 이름으로 그 시험을 포기합니다. 이런 우리를 하나님께서 마지막 시험의 때에 어떻게 보호해 주실 수 있겠습니까? 지금 하나님께서는 이 땅의 교회가 이 시험의 때를 당당히 이기고, 이 세상이 감당할 수 없는 믿음을 드러내기를 원하십니다.

> 우리의 씨름은 혈과 육을 상대하는 것이 아니요 통치자들과 권세들과 이 어둠의 세상 주관자들과 하늘에 있는 악의 영들을 상대함이라 엡 6:12

오늘 우리가 싸워야 하는 것, 시험의 때를 이겨야 하는 것은 육적인 문제만이 아니라 영적인 문제이기도 합니다. 미국의 유명한 제1대 대통령 조지 워싱턴과 제16대 대통령 에이브러햄 링컨은 독립전쟁을 할 때나, 남북전쟁을 할 때 이런 고민을 했다고 합니다.

"내가 지금 예수 안에 있는가, 예수 밖에 있는가?"

참모들에게도 이런 부탁을 했다고 합니다.

"하나님이 우리 편이 되어 달라고 기도하지 말고, 우리가 하나님의 편에 서게 해 달라고 기도하십시오."

우리에게 있는 능력은 문제가 되지 않습니다. 주 안에 있을 때 우리는 그 능력으로도 시험의 때를 이길 수 있습니다.

만나교회의 모토 가운데 하나라고 할 수 있는 말씀이 있는데, 마태복음 11장 28절입니다.

수고하고 무거운 짐 진 자들아 다 내게로 오라 내가 너희를 쉬게 하리라 마 11:28

참으로 감격스러운 말씀입니다. 이 말씀은 우리가 시험의 때를 견디고, 그것을 이기고 다시 예배 자리로 왔을 때 우리에게 주시는 말씀입니다. 주님께서 주시는 위로와 격려의 말씀입니다.

작은 능력이면 충분하다

예수님께서 빌라델비아 교회를 칭찬하시며 하셨던 말씀이 있습니다.

볼지어다 내가 네 앞에 열린 문을 두었으되 능히 닫을 사람이 없으리라 내가 네 행위를 아노니 네가 작은 능력을 가지고서도 내 말을 지키며 내 이름을 배반하지 아니하였도다 계 3:8

여기서 주의할 단어는 '작은 능력'입니다. 보잘것없는 작은 능력이 핍박하는 자를 누르고 시험의 때를 이긴 것입니다. 그래서 위대한 것입니다. 우리가 흔히 착각하는 것은 '큰 능력'이 있어야 할 수 있다고 생각하는 것입니다.

베드로전서 4장 11절에 보면 "누가 봉사하려면 하나님이 공급하시는 힘으로 하는 것 같이 하라"고 말씀합니다. 그들은 그 시험의 때를 자신의 힘으로 이긴 것이 아니라, 하나님께서 공급해주신 힘으로 이긴 것입니다.

기독교인들은 '종'이라는 표현을 자주 사용합니다. 그런데 문제는 요즘에는 종에도 계급이 생겼다는 것입니다. 그냥 '종'이 아니라, '큰 종', '귀한 종', '능력의 종'이라는 표현을 자주 사용합니다. 그래서 미국 빌립보교회를 담임하시는 송영선 목사님께서는『머슴 교회』라는 책을 쓰셨는데 요즘 너무 '종'이라는 성경적 개념이 변질되었기 때문에 그 용어 대신에 차라리 '머슴'이라는 표현을 새로 사용하자고 제안합니다.

종의 능력은 주인에게 있습니다. 주인의 능력이 종의 능력입니다. 그런데 언제부터인가 우리는 주인의 능력에 의지하지 않고 나의 '큰' 능력으로 살아가려는 사람들이 되었고, 그러다보니 참 능력을 잃어버리고 말았습니다. 하지만 우리는 무슨 능력이나 권세를 가지고 섬기는 사람이 아니라, 작은 힘으로 섬기는 것입니다. 빌라델비아 교회는 단지 작은 능력으로 최선을 다한 교회였습니다. 그리고 이것이 우리가 본받아야 할 참된 종의 모습입니다.

개그 콘서트 프로그램 중에 한때 '애정남' 즉, '애매한 것을 정해주는 남자'라는 코너가 있었습니다. 그 코너에서 누가 질문을 했습니다.

"한 주간의 시작이 언제입니까? 일요일입니까, 월요일입니까?"

그러자 진행자가 이렇게 정리합니다.

"교회 다니는 사람에게는 일요일이 시작이고, 교회를 안 다니는 사람에게는 월요일이 시작입니다."

맞는 대답입니다. 교회를 안 다니는 사람에게는 일요일은 쉬는 날입니다. 그러나 크리스천에게는 하나님을 예배하고 그 능력으로 한 주를 시작하는 주일입니다. 사실 우리의 삶에 이런 정확한 정의가 필요합니다. 우리에게 필요한 것은 '능력'이 아니라, '기준'입니다. 우리의 능력으로 이기는 것이 아니라, 하나님 앞에서 우리의 기준이 무엇이냐가 우리를 이기게 합니다. 우리가 비록 작은 능력을 가지고 있지만 확고한 신앙의 기준을 가지고 우리를 붙잡아 주시는 하나님께 감사하며 나갈 때 우리는 하나님이 주시는 복을 누리며 이기는 신앙으로 살 수 있습니다.

김장환 목사님의 [큐티 365]일에 보면 이런 이야기가 나옵니다.

> 어떤 부대가 전쟁 중 사막 한가운데에 고립되고 말았습니다. 그들에게 있는 물이라고는 한 병사의 수통에 남겨진 몇 모금의 물뿐이었습니다. 모두가 목을 축이기에는 턱없이 부족한 양이었지만 병사는 수통을 소대장에게 건네면서 말했습니다.
>
> "소대장님이 우리의 지도자인 만큼, 이 물을 마시고 기운을 차려 우리를 인도해야 합니다."

그 말을 들은 소대장은 물을 받아 입으로 가져갔습니다. 수통을 바라보고 있는 소대원들의 간절한 시선이 느껴졌지만 그는 태연히 꿀꺽꿀꺽 소리를 내며 물을 마시고는 옆에 있던 병사에게 수통을 건네주었습니다. 하지만 그 병사가 수통을 받아들었을 때, 수통에는 물이 그대로 남아 있었습니다. 그는 곧 소대장의 뜻을 알아차렸습니다. 그 역시 수통의 물을 벌컥벌컥 마시고 옆 병사에게 주었습니다. 이렇게 모든 병사는 수통의 물을 마셨지만, 결국 수통의 물은 그대로였습니다. 그들은 소대장이 보여준 행동의 깊은 의미를 깨닫고 이에 용기를 얻어 한 사람의 낙오자도 없이 모두 무사히 오아시스에 도착할 수 있었습니다.

이 짧은 이야기에는 멋진 지도자와 그 지도자를 닮아갔던 사람들의 모습이 담겨있습니다. 우리가 보잘것없이 작은 능력을 가지고 있지만 우리를 믿어주시는 그 주님 때문에 누군가에게 감동을 주고 영향력을 끼치며 이 세상을 변화시킬 수 있는 믿음의 사람, 그런 교회가 될 수 있습니다.

제2차 세계대전 때의 일입니다. 미국의 많은 젊은이가 영장을 받고 큰 도시로 집결하여 기차를 타고 훈련소로 가게 되었습니다. 워싱턴 역에도 수백 명의 장정이 몰려들었고 시민들은 이들을 위해 기차역에 나와서 봉사를 했습니다. 그 시민들 가운데 다리를 절면서 뜨거운 코코아를 만들어 나누며 늦은 밤까지 봉사하는 사람이 있었는데 그 노인을 자세히 보니 당시 미국의 대통령인 루즈벨트였습니다. 그는 육체의 불편함에도 불구하고 밤마다 기차역에서 훈련소로 떠나는 청년들을 위해 뜨거운 코코아를 나르며 봉사를 했던 것입니다. 그 모습이 사람들에게 큰 감동을 주었습니다.

이처럼 누군가의 헌신은 감동을 주고, 그 감동은 다른 사람의 삶을 바꿔놓는 힘이 있습니다. 우리 믿음의 행위를 통해 누군가의 마음을 움직일 수 있는 선한 영향력이 우리에게도 있습니까?

하나님 성전의 기둥, 하나님의 명품

마지막으로 빌라델비아 교회에 주시는 하나님의 말씀은 무엇인가요?

> 이기는 자는 내 하나님 성전에 기둥이 되게 하리니 그가 결코 다시 나가지 아니하리라 내가 하나님의 이름과 하나님의 성 곧 하늘에서 내 하나님께로부터 내려오는 새 예루살렘의 이름과 나의 새 이름을 그이 위에 기록하리라 계 3:12

견디는 자에게 주시는 가장 큰 축복은 "성전의 기둥이 되게 하겠다"는 것입니다. 기둥은 가장 존귀한 자리이고 성전을 떠받치고 있는 힘의 원천입니다. 시험의 때를 이긴 우리를 기둥 삼으시고 거기에 이름을 새기시겠다고 합니다.

명품에는 그것을 만든 사람의 이름이 새겨져 있는데, 하나님께서 우리를 기둥으로 세우시고 거기에 "Made in Jesus Christ"라고 이름을 새기시는 것입니다. 이제 우리는 하나님의 명품입니다. 귀 있는 자들은 들으십시오! 비록 우리의 능력이 부족할지라도 끝까지 견디십시오! 하나님께서 우리를 가장 귀하게 쓰시는 때가 틀림없이 옵니다.

「행복한 동행」 2011년 12월호 나오는 이야기입니다.

'걸레 스님'으로 알려진 중광스님의 묘비명은 "괜히 왔다 간다."입니다.
조지 버나드 쇼의 묘비에는 "우물쭈물 하다 내 이럴 줄 알았다."
어니스트 헤밍웨이의 묘비에는 "일어나지 못해서 미안하오."
벤자민 프랭클린의 묘비에는 "출판업자 벤 프랭클린의 시신이 여기 벌레의 먹이로 누워 있다. 그러나 그의 업적은 사라지지 않을 것이니, 늘 새롭고 더 우아한 판으로 개정될 것이기 때문."
스티브 잡스도 죽기 전에 참 멋진 말을 남겼습니다.
"죽음은 삶을 참 역동적으로 만든다!"

요한계시록은 마지막 때의 심판에 관한 말씀으로 심판이 끝이 아니기 때문에 이를 준비하라고 주신 말씀입니다. 또한, 심판은 영생을 살아갈 우리가 누구인지를 분명하게 드러내는 순간입니다. 따라서 우리를 끝까지 믿어주시는 주님의 능력으로 믿음을 지키며 다른 사람들에게 믿음의 선한 영향력을 주는 삶을 살아야 합니다. 심판의 때에 하나님께서 우리를 기둥 삼아 그 이름을 새겨주시는 하나님의 명품이 되는 선한 꿈을 가져야 합니다.

생각열기

※ 아래의 이야기는 「행복한 동행」에 실린 글로 다음의 질문에 솔직하게 대답하십시오.

'걸레 스님'으로 알려진 중광 스님의 묘비명은 "괜히 왔다 간다."입니다.
조지 버나드 쇼의 묘비에는 "우물쭈물 하다 내 이럴 줄 알았다."
어니스트 헤밍웨이의 묘비에는 "일어나지 못해서 미안하오."
벤자민 프랭클린의 묘비에는 "출판업자 벤 프랭클린의 시신이 여기 벌레의 먹이로 누워 있다. 그러나 그의 업적은 사라지지 않을 것이니, 늘 새롭고 더 우아한 판으로 개정될 것이기 때문."
스티브 잡스도 죽기 전에 참 멋진 말을 남겼습니다.
"죽음은 삶을 참 역동적으로 만든다!"

만약 오늘 나의 묘비명을 정하라고 한다면 어떻게 기록하겠습니까?

이 묘비명이 나의 삶에 관해, 그리고 나와 하나님의 관계에 관해 어떤 의미를 담고 있습니까?

배워보기

열쇠를 가지신 주님

빌라델비아 교회를 찾아오신 예수님은 자신이 다윗의 열쇠를 가졌으며, 자신이 열면 닫을 사람이 없고 닫으면 열 사람이 없다고 말씀하셨습니다. 다윗은 구약성경에서 하나님의 마음에 합한 자로서 장차 오실 그리스도를 상징하고 열쇠는 권한, 권위를 나타내는 물건입니다.

> 빌라델비아 교회의 사자에게 편지하라 거룩하고 진실하사 다윗의 열쇠를 가지신 이 곧 열면 닫을 사람이 없고 닫으면 열 사람이 없는 그가 이르시되 계 3:7

작은 능력을 칭찬받다

빌라델비아 교회는 요한계시록에 소개된 일곱 교회 가운데 칭찬만 받은 교회로 예수님은 이 교회를 향해 "네가 작은 능력을 가지고도 내 말을 지키며 내 이름을 배반하지 않았다"고 칭찬하십니다. 여기서 '작은 능력'이라는 말은 '능력이 거의 없다'는 뜻입니다. 그래서 더 주님을 간절히 사랑하고 섬길 수밖에 없었습니다.

> … 내가 네 행위를 아노니 네가 작은 능력을 가지고서도 내 말을 지키며 내 이름을 배반하지 아니하였도다 계 3:8

우리는 대부분 능력이 부족해서 사명을 감당할 수 없다고 말합니다. 하지만 빌라델비아 교회는 '작은 능력'만을 가졌어도 칭찬받는 교회가 되었습니다.

주님이 우리의 능력

우리는 '우리의 믿음만으로 가능할까?'라는 의문을 갖습니다. 왜냐하면, 우리의 믿음만 가지고 수없이 좌절하고, 실패하고 넘어진 인생을 살았기 때문입니다. 그럼에도 우리가 믿음을 지킬 수 있는 이유는 비록 나의 능력은 작고 보잘 것 없지만, 주님의 능력은 크시고 그 주님이 우리의 능력이 되십니다.
예수님은 우리에게 열린 문을 두셨습니다. 이 문은 과거로부터 계속 우리에게 열려 있었고, 지금도 가능성의 문, 기회의 문으로 열려 있습니다. 이 문은 능히 닫을 사람이 없고 오직 예수님만이 열고 닫으실 수 있습니다.

> 볼지어다 내가 네 앞에 열린 문을 두었으니 능히 닫을 사람이 없으리라… 계 3:8

칭찬의 결과

1. ____________를 면하게 하셨습니다.

하나님께서 우리를 심판하시는 마지막 때가 반드시 옵니다. 그러나 그 심판의 날, 예수님께서 인내의 말씀을 지킨 빌라델비아 교회를 위해 시험의 때를 면하게 하겠다고 약속하셨습니다.

> 네가 나의 인내의 말씀을 지켰은즉 내가 또한 너를 지켜 시험의 때를 면하게 하리니 이는 장차 온 세상에 임하여 땅에 거하는 자들을 시험할 때라 계 3:10

2. ____________이 되게 하셨습니다.

기둥은 가장 존귀한 자리이며 성전을 떠받치고 있는 힘의 원천입니다. 시험의 때를 이기는 우리를 그 기둥 삼으시고 거기에 이름을 새기시겠다고 하셨습니다.

> 이기는 자는 내 하나님 성전에 기둥이 되게 하리니 그가 결코 다시 나가지 아니하리라 내가 하나님의 이름과 하나님의 성 곧 하늘에서 내 하나님께로부터 내려오는 새 예루살렘의 이름과 나의 새 이름을 그이 위에 기록하리라 계 3:12

내 삶에 적용하기

1. 우리의 믿음과 능력을 가지고 믿음을 지키는 것은 불가능합니다. 그렇다면, 어떻게 우리가 이 세상에서 끝까지 믿음을 지키며 살 수 있습니까?

2. 우리에게는 하나님께서 열어두신 가능성의 문, 기회의 문이 있습니다. 하지만 이 문은 좁은 문입니다(마 7:13-14). 지금 예수님의 사람

으로 살아가는 내 앞에 열려 있는 문은 좁은 문입니까? 넓은 문입니까?

3. 빌라델비아 교회는 단지 작은 능력으로 최선을 다한 교회였습니다. 이 교회는 우리가 본받아야 할 참된 종의 모습이 무엇인지를 깨닫게 해주는 교회이기도 합니다. 나는 주인의 능력을 의지하는 종입니까? 아니면 주인의 능력을 의지할 필요가 없는 큰 종입니까?

묵상&기도

빌라델비아 교회는 요한계시록에 소개된 일곱 교회 가운데 '작은 능력'을 가지고도 칭찬만 받은 교회였습니다. 그들은 비록 작은 능력이었지만 그것을 믿어주시는 크신 능력의 예수님이 계셨습니다. 그 결과 시험의 때를 면하고 하나님 성전에 기둥이 될 수 있었습니다.

◆ 묵상 질문

나에게는 어떤 능력이 있습니까? 그 능력의 근원이 무엇인지 생각해 봅시다.

나를 끝까지 기대하시는 하나님의 마음, 나를 향한 하나님의 믿음이 있다는 사실을 믿으십니까?

◆ 깊이 묵상하기

지침

1. 주님께 질문하십시오.
2. 믿음을 가지고 그분의 응답을 기다리십시오.
3. 하나님이 응답하시면, 그것이 당신의 삶에서 갖는 의미가 무엇인지 생각해 보십시오.
4. 주님의 생각에 당신의 선택과 행동을 일치시키겠다고 구체적으로 고백하십시오.

◆ 주님과 대화하기

지침

기도 제목을 나누십시오.

묵상 노트

Part.7

뜨거운 신앙으로

라오디게아 교회에게

14라오디게아 교회의 사자에게 편지하라 아멘이시요
충성되고 참된 증인이시요 하나님의 창조의 근본이신 이가 이르시되
15내가 네 행위를 아노니 네가 차지도 아니하고 뜨겁지도 아니하도다
네가 차든지 뜨겁든지 하기를 원하노라
16네가 이같이 미지근하여 뜨겁지도 아니하고 차지도 아니하니
내 입에서 너를 토하여 버리리라
17네가 말하기를 나는 부자라 부요하여 부족한 것이 없다 하나 네 곤고한 것과
가련한 것과 가난한 것과 눈 먼 것과 벌거벗은 것을 알지 못하는도다
18내가 너를 권하노니 내게서 불로 연단한 금을 사서 부요하게 하고 흰 옷을 사서
입어 벌거벗은 수치를 보이지 않게 하고 안약을 사서 눈에 발라 보게 하라
19무릇 내가 사랑하는 자를 책망하여 징계하노니
그러므로 네가 열심을 내라 회개하라
20볼지어다 내가 문 밖에 서서 두드리노니 누구든지 내 음성을 듣고 문을 열면
내가 그에게로 들어가 그와 더불어 먹고 그는 나와 더불어 먹으리라
21이기는 그에게는 내가 내 보좌에 함께 앉게 하여 주기를
내가 이기고 아버지 보좌에 함께 앉은 것과 같이 하리라
22귀 있는 자는 성령이 교회들에게 하시는 말씀을 들을지어다

계 3:14-22

여정(旅程)

사람은 누구나 인생을 살면서 문제를 만납니다. 그러나 중요한 것은 그 문제 앞에서 믿음의 성도들이 어떻게 '반응하는가?'입니다.

라오디게아 교회하면 떠오르는 표현이 있는데 '차지도 뜨겁지도 않은 교회', '칭찬은 없고 책망만 있는 교회'라는 것입니다.

라오디게아 교회는 이스탄불에서 비행기로 카파도키아에 내려 내륙에서 해안으로 2천km 정도 버스를 타며 가는 여정으로 4월 초 날씨가 무척 추워 내륙 고원지대의 날씨가 그렇게 녹록하지 않았습니다. 그런데 한참을 지나 라오디게아에 도착했을 때의 날씨는 그야말로 환상적인 날씨로 전형적인 지중해성 기후였습니다. 이런 날씨를 보면서 깨달은 것은 '우리가 좋은 날씨를 느끼지 못한 것은 날씨 때문이 아니라 위치의 문제였다는 것'입니다. 똑같은 계절, 똑같은 날씨지만, 고원지대를 지나갈 때와 라오디게아에 도착했을 때는 확연히 달랐습니다. 이처럼 우리가 삶의 위치를 바꾸고, 태도를 바꾸면 환경이 변하고 인생이 바뀌어 새로운 세상과 하나님의 복을 누릴 수 있습니다.

라오디게아 교회는 칭찬이 없고 질책만 있는 교회였습니다. 하지만 예수님은 라오디게아 교회에도 변하지 않는 기대를 가지고 계셨습니다. 마찬가지로 칭찬받을 만한 것이 없는 우리에게도 하나님은 기대를 놓지 않으십니다. 그 기대는 우리가 어떻게 믿음을 표현하고 어떻게 믿음으로 살아가는가에 대한 기대입니다.

어떤 목사님으로부터 아주 재미있는 이야기를 들었습니다.

"남자와 여자는 자신을 표현하는 방법이 달라요. 여자들은 1cm에 목숨을 겁니다. 눈썹을 그리고, 입술을 바르고, 귀걸이를 하고 그 조그만 공간 안에서 자신을 표현하죠. 그런데 남자는 손끝에 자신의 인생을 걸어요. 그래서 시계가 중요하고, 가방이 중요하고, 만년필이 중요합니다. 그것으로 자신을 표현하기 때문이죠."

흔히 인생을 마라톤에 비유하는데 마라톤이 인생만큼이나 힘들고 변수가 많기 때문입니다. 2008년 3월 2일에 열렸던 마라톤 대회에 57세에 밥 웨런드는 무려 7일 5시간 45분에 걸쳐서 완주했습니다. 그 기록만 본다면 마라톤이 끝나고 7일이 지난 다음에 도착한 것입니다. 이 사람은 월남 전쟁에서 동료를 구하다가 폭탄에 두 다리를 잃었기 때문에 두 다리 대신 두 팔로 그 먼 길을 달렸던 겁니다. 그런데 누구도 이 사람을 실패자라고 말하지 않고 최선을 다한 삶을 산 사람이라고 말합니다. 그는 경기 후 인터뷰에서 "하나님께서 자신을 도와주셨기에 가능하였다."라고 했습니다.

우리는 모두 최고의 신기록을 세우는 마라토너가 될 수 없습니다. 하지만 하나님께서 우리에게 원하시는 삶은 그 길을 끝까지 달려 완주하는 삶입니다. 교회에 대한 하나님의 관심도 얼마나 빨리 성장했느냐, 얼마나 많이 모이느냐가 아니라 그 길을 얼마나 성실하게 걸어가고 있느냐 입니다.

차지도 뜨겁지도 않다

라오디게아 교회에 찾아오신 주님은 어떤 분이십니까?

…아멘이시요 충성되고 참된 증인이시요 하나님의 창조의 근본이신 이가 이르시되 계 3:14

'아멘'은 '실로', '참으로'라는 뜻입니다. 라오디게아 교회를 찾아오신 주님은 충성되고 참된 증인으로 주님께서 하신 말씀은 그대로 이루어집니다. 그래서 라오디게아 교회에 하신 주님의 말씀은 '약속의 보증'인 동시에 '심판의 경고'입니다. 또한, 주님은 요한계시록 3장

15-16절에서 라오디게아 교회를 향하여 '차지도 아니하고 뜨겁지도 아니하다'고 말씀하십니다.

> [15]내가 네 행위를 아노니 네가 차지도 아니하고 뜨겁지도 아니하도다 네가 차든지 뜨겁든지 하기를 원하노라 [16]네가 이같이 미지근하여 뜨겁지도 아니하고 차지도 아니하니 내 입에서 너를 토하여 버리리라 계 3:15–16

라오디게아 교회에 대한 예수님의 책망은 지역의 특징을 알면 쉽게 이해할 수 있습니다. 이 지역은 빌라델비아에서 동남쪽으로 약 72Km 정도, 에베소에서 동쪽으로 160Km 정도 떨어진 곳에 있는 교통과 상업의 중심지였습니다. 양털로 옷감을 만드는 산업과 금융업이 발달했습니다.

경제적으로는 풍요했지만, 물 사정이 좋지 못해 이웃 도시에서 온천수와 지하수를 끌어다 사용해야 했습니다. 북쪽으로 11km 정도 떨어진 '히에라볼리'로부터 온천수를 공급받았고, 남쪽으로 16km 정도 떨어진 '골로새'로부터는 지하수를 공급받았습니다. 이렇게 먼 거리에서 물을 공급받다 보니 이들이 물을 마실 때가 되면 뜨겁지도 않고 시원하지도 않았습니다.

환경의 영향을 받아서인지 라오디게아 사람들은 성격이 적극적이지 못하고 늘 미온적이었는데 어쩌면 이런 경향이 교회의 성도들에게도 그대로 드러났을 것입니다. 우리의 신앙에서 환경의 영향을 무시할 순 없지만, 그것이 잘못되었을 때는 환경을 극복하려는 노력도 필요합니다.

유명한 교회성장학자인 도널드 맥가브란(Donald McGavran)은 이렇게 말합니다.

> "교회 안에는 깨어 활발하게 일하는 교인이 대개 10%이고 살짝 자는 사람이 80%입니다. 그리고 푹 자는 교인이 10%입니다. 목회가 무엇입니까? 10%의 깨어 움직이는 교인들을 활기차게 일하게 하는 것이고 살짝 자는 80%는 깨워야 합니다. 그리고 푹 자는 10%는 건드리지 말아야 합니다."

푹 자는 사람 10%를 깨우지 않는 것은 깨고 나서 신경질을 부리기 때문입니다. 여기서 중요한 사실은 뜨겁지도 차지도 않은, 미지근한 교인이 교회마다 80%나 된다는 점입니다. 우리의 신앙이 어디에 해당되는지 점검해야 합니다.

미국 남북전쟁 당시 노예주와 자유주, 즉 남군과 북군으로 가르는 기준선이 되었던 메릴랜드 주와 펜실베이니아 주의 경계선이었던 랭커스터(Lancaster)에서 있었던 일입니다. 그들은 언제 누가 쳐들어올지 모르는 상황에서 마을 사람들이 이렇게 의논합니다.

"우리는 비상시를 대비하여 위에는 북군의 옷을, 밑에는 남군의 옷을 입자. 갑자기 북군이 쳐들어오면 위에 북군 옷을 입었다고 살릴 것이고, 남군이 갑자기 쳐들어오면 우리 남군의 옷을 밑에 입었다고 살릴 것이다."

그래서 그렇게 옷을 입었는데, 북군이 쳐들어와서는 밑에 입은 남군의 옷을 보고 죽였고, 남군이 쳐들어와서는 위에 입은 북군의 옷을 보고 죽였습니다. 그래서 모두 다 죽었습니다.

그리스도인도 마찬가지입니다. 상황에 따라서 어떤 때는 적당히 하나님의 사람으로, 어떤 때는 적당히 세상에 속해 살아갑니다. 이것은 하나님이 가장 싫어하는 모습입니다. 신앙에 회색지대란 없습니다. 중간은 안 됩니다.

라오디게아 교회에 대한 편지를 보면 엄청난 잘못이나 커다란 문제가 나와 있지는 않습니다. 이단에 감염된 것도 아니고, 성적인 타락도 보이지 않습니다. 어찌 보면 다른 교회에 비해 가장 나아 보이는 교회일지도 모릅니다.

그런데 주님의 책망은, 스스로 만족하여 차지도 뜨겁지도 아니한 미온적인 교회라는 것입니다. 우리가 여기에서 주목해야 할 것은 차지도 뜨겁지도 아니할 경우 토해내겠다는 것입니다. 차가운 것을 용인하겠다는 말이 아니라, 뜨거워야 한다는 말씀입니다. 봉사도 잘하고, 헌금생활도 잘하지만 우리의 신앙이 뜨겁지 않다면 여전히 하나님께서는 우리를 향하여 질책하십니다.

"내가 너희를 토하여 내리라!"

여기서 뜨거운 믿음과 연관된 두 단어는 '광신'과 '전심'입니다. 이 둘을 잘 구별할 필요가 있습니다. 뜨겁다는 것이 무분별한 열심을 의미하지는 않습니다. 전심으로 주님을 섬길 때, 우리의 가슴과 머리 모두는 주님을 향합니다. 그래서 '묵상'이 없는 헌신은 광신 행위가 되고, '헌신'이 없는 묵상은 마비된 신앙에 불과합니다. 묵상 없이 열심을 내면 믿음의 방향을 잃습니다. 하나님의 말씀이 없는 열심은 위험한 신앙이 되고 맙니다.

목회를 하면서 느끼는 것 중의 하나가 '기도를 많이 하는 사람일수록 참 힘들다'는 것입니다. 기도를 많이 해서가 아니라 그분들의 기도가 말씀을 앞서기 때문입니다.

얼마 전 아는 목사님과 대화를 나누면서 가장 무서운 사람이 '성령의 직통 계시'를 받은 사람이라는 이야기를 나누었습니다. 직통 계시를 받는 순간 눈에 보이는 것도 없고, 스스로 의인이라는 착각에 빠지게 됩니다.

또 잘못된 신앙, 이단은 성령의 계시를 받지 못한 사람이 아니라, 성령의 계시의 방향과 진위를 구별하지 못하는 사람입니다. 하나님을 모르는 사람이 이단이 아니라, 하나님을 알고 은혜를 경험하고 성령을 체험했는데 말씀으로 정리되지 않은 사람들입니다.

성령은 질서의 하나님인데, 나의 뜨거움으로 다른 사람들의 예배를 방해하는 행위를 어떻게 뜨거움이라고 말할 수 있을까요? 이것이 믿음일까요? 이러한 광신은 하나님의 말씀에 대한 순종은 아닙니다. 주님이 원하시는 것은 헌신에 이르는 묵상이요, 묵상에서 나오는 헌신입니다. 즉, 교회에 필요한 것은 전심으로 주님을 믿고 말씀에 순종하는 뜨거운 열정입니다. 진리에 대한 열정, 하나님이 기뻐하시는 일에 대한 열정입니다.

예수님의 진단

미지근한 교회에 대한 예수님의 진단이 무엇입니까?

> 네가 말하기를 나는 부자라 부요하여 부족한 것이 없다 하나 네 곤고한 것과 가련한 것과 가난한 것과 눈 먼 것과 벌거벗은 것을 알지 못하는도다 계 3:17

실제로 라오디게아 지역은 무척 부유했습니다. 주후 60년경 당시의 도시들이 지진으로 폐허가 되었을 때도 라오디게아는 로마 원로원에 관례적 보조금을 청원하지 않고 즉각 재건될 정도였습니다. 그들은 상업 금융의 중심지이자, 유명한 의술 학교를 가지고 있다는 자부심이 있었습니다. 라오디게아의 이런 교만은 기독교인들에게도 전염되었습니다. 자만의 영이 그들을 스스로 만족하게 하고 열심을 앗아가 버렸습니다. 이렇게 갈급함이 없는 자에게 어떻게 열심과 헌신이 나오겠습니까? 스스로 만족했기 때문에, 더 이상 열심을 내지 않는 것입니다.

저는 두 가지 종류의 만족이 있다고 생각합니다. 그것은 믿음이 있는 상태에서의 만족과 믿음이 없는 상태에서의 만족입니다. 믿음이 있는 상태에서의 만족은 어떠한 환경에서도 감사로 인한 만족이기 때문에 건강합니다. 하지만 믿음이 없는 상태에서의 만족은 위험합니다. 라오디게아 교회의 만족이 이러한 만족입니다. 주님이 보시기에 그들의 영적 상태는 곤고하고, 가련하고, 가난하고, 눈먼 것과 벌거벗은 것 같았습니다.

옥한흠 목사님이 쓰신 『시험이 없는 신앙생활은 없다』에 나오는 이야기입니다.

> 영국 런던의 메트로폴리탄 교회는 유명한 설교자 찰스 스펄전이 목회하던 교회였습니다. 1866년에 이 교회의 소속 교인은 4,366명으로 집계되었는데, 그 당시에는 세계에서 제일 큰 규모였습니다. 하루는 스펄전이 교인들에게 이런 말을 했습니다.
>
> "사랑하는 형제자매 여러분! 주님을 향해서 가슴이 뜨거운 사람 12명만 있다면 이 런던의 삭막하고 고독한 환경을 기쁨이 충만한 곳으로 바꿀 수 있습니다. 그러나 4,366명이 있다 할지라도 전부가 다 미지근한 신자라면 아무것도 할 수 없습니다."

그렇습니다. 오늘날 이 험악한 세대를 이기려면 주님과의 관계가 뜨거워야 합니다. 이것만이 이기는 유일한 길입니다. 그러면 어떻게 우리가 주님과 뜨거워질 수 있을까요? 그것은 사도 바울처럼 항상 자기의 부족함을 인식하고 생활하는 것입니다. 그리스도인에게는 자기만족이 있을 수 없습니다. '이만하면 됐겠지!'라는 말은 있을 수 없습니다.

그러나 항상 앞에 있는 것을 놓고 '나는 부족하기 때문에 더 은혜를 사모해야 한다. 더 기도해야 한다'라고 안타까워하는 자세를 일생 유지하면 그 사랑은 식지 않습니다.

개인이나 교회나 교회 지도자나 이와 같은 발전, 개혁, 자기 수정, 자기의 부족함을 느끼지 않고는 마음이 금방 식고 맙니다. 당신이 안고 있는 이런저런 문제들이 실상은 영적으로 식어버린 데서 생긴 부작용은 아닌지 점검해야 합니다.

열정이 식어버린 신앙이 얼마나 무섭고 비참한지 모릅니다. 육신의 만족만 채워지면 그만이라는 생각이 우리를 어떻게 변질시킵니까? 나의 꿈만 이루면 된다는 생각이 얼마나 무섭습니까? 하나님의 꿈이 아닌, 나의 꿈이 이루어지는 것만으로 만족하는 사람들이 얼마나 쉽게 타락합니까?

신앙의 역동성을 매일매일 회복해야 합니다. 우리의 편안함으로, 우리의 만족으로 인해 식어 버린 신앙이 얼마나 무섭고 역겨운지를 깨달아야 합니다. 그래서 하나님께서 "토하여 버리리라!"고 말씀합니다.

삶에 아무 문제가 없습니까? 자녀가 형통한 길을 걷고 있습니까? 그래서 교양 있게 예수를 믿고, 교회를 다니고 있습니까? 하지만 주님께서는 이런 값싼 신앙을 너무도 비참하게 여기십니다. 영적으로 치유 받아야 하는데 본인만 모르고 살기 때문입니다.

로마서 13장 11-12절에 “또한 너희가 이 시기를 알거니와 자다가 깰 때가 벌써 되었으니 이는 이제 우리의 구원이 처음 믿을 때보다 가까웠음이라 밤이 깊고 낮이 가까웠으니 그러므로 우리가 어둠의 일을 벗고 빛의 갑옷을 입자”라고 했는데 라오디게아의 성도들은 그들이 처한 상황을 모르고 있습니다.

마태복음 26장 41절에서도 “시험에 들지 않게 깨어 기도하라”라고 하였지만, 부족한 것이 없다고 생각하며 기도를 게을리합니다. 라오디게아 교회는 이런 영적인 분별력이 부족했습니다.

주님은 라오디게아 교회의 모습이 영적으로 얼마나 빈곤한지 보라고 하십니다. 누리는 것 같으나 아무것도 없이 피폐한 영혼을 바라보라고 하십니다.

“나는 부자라 부족한 것이 없다!” 세상에서는 그럴지 몰라도 영적인 세계에서 그들은 너무나 불쌍한 사람들이었습니다. 하나님께서 사명자로 쓰시는 데 있어서, 에스더의 황후 자리가 귀합니까? 과부의 두 렙돈이 귀합니까? 아니면 5천 명을 먹이고도 남았던 기적을 만든 오병이어가 귀합니까? 하나님 앞에서는 그 모든 것이 같을 뿐입니다. 중요한 것은 우리의 삶에서 뜨거운 열정과 헌신, 사명이 있느냐의 문제입니다. 하나님은 우리가 가진 것을 보시는 분이 아니라 우리의 영적 상태를 보시는 분이십니다.

> 네 곤고한 것과 가련한 것과 가난한 것과 눈 먼 것과 벌거벗은 것을 알지 못하는도다 계 3:17

"벌거벗은 것을 알지 못하는도다"에 주목하면 수치스럽습니다. 다른 사람들은 다 보고 있는데 자신만 모르고 있습니다.

뜨거운 신앙을 위한 권면

뜨겁지도 차지도 않은 라오디게아 교회를 향해 주님은 이런 권면의 말씀을 하십니다.

> 18내가 너를 권하노니 내게서 불로 연단한 금을 사서 부요하게 하고 흰
> 옷을 사서 입어 벌거벗은 수치를 보이지 않게 하고 안약을 사서 눈에 발
> 라 보게 하라 19무릇 내가 사랑하는 자를 책망하여 징계하노니 그러므
> 로 네가 열심을 내라 회개하라 20볼지어다 내가 문 밖에 서서 두드리노
> 니 누구든지 내 음성을 듣고 문을 열면 내가 그에게로 들어가 그와 더

불어 먹고 그는 나와 더불어 먹으리라 계 3:18-20

18절에 세 번 반복되는 단어는 '사서'입니다. 무언가를 얻기 위해 대가를 내라는 말씀입니다. 첫 번째, '불로 연단한 금'을 사라고 하십니다. 순금이 되기 위해서는 고통이 동반된 뜨거운 불을 견뎌야 합니다. 욥기 23장 10절에 "그러나 내가 가는 길을 그가 아시나니 그가 나를 단련하신 후에는 내가 순금 같이 되어 나오리라"라는 말씀이 있습니다. 눈에 보이는 육신적인 부요함이 아니라 불로 연단하여 얻어진 금 같은 순결함은 값을 내고서라도 사라는 말씀입니다. 때로 우리의 삶과 신앙에는 적극적인 고난과 훈련이 필요합니다. 편안함에 안주하는 것이 아니라 적극적인 훈련의 장소로 직접 들어가야 합니다. 사탄은 늘 우리에게 이야기합니다.

"좀 더 자자, 좀 더 편안하자, 좀 더 즐기자."

그래서 "불로 연단한 금을 사서 부요하게 하고"(18절)라고 말씀합니다. 우리가 적극적인 연단이 축복임을 깨닫게 될 때 믿음의 눈은 열립니다.

두 번째, '흰옷'을 사라고 말씀합니다. "흰 옷을 사서 입어 벌거벗은 수치를 보이지 않게 하고"(18절) 순결함과 거룩함을 지키기 위해서는 희생과 그에 상응하는 대가가 필요합니다. 하나님은 순결하지도 거룩하지도 못했던 우리의 삶을 돌이켜 주시고 용서해 주십니다. 하지만 하나님은 우리의 삶이 언제나 순결하고 거룩하기를 더 원하십니다.

예를 들어, 담배를 피우는 순간 담배를 안 피울 자유를 잃어버립니다. 처녀와 총각이 순결을 잃어버리는 순간, 지킬 것이 없어집니다. 거룩함은 지켜질 때 그 가치가 있습니다. 잘못된 삶을 돌이키고, 하나님의 사람으로 살아가는 수많은 간증을 듣고 큰 은혜를 받습니다. 그런데 하나님은 아무나 할 수 없는 간증, 그러한 거룩함과 순결한 삶을 더 귀하게 여기십니다.

시편 51편 7절에 다윗은 자신의 허물과 부끄러움을 고침 받기 위해서 이렇게 기도합니다.

> "우슬초로 나를 정결하게 하소서 내가 정하리이다 나의 죄를 씻어 주소서 내가 눈보다 희리이다" 시 51:7

내가 깨끗하고 정결하게 되는 것이 하나님의 은혜라는 것입니다. 하나님은 대가를 지불하고서라도 순결함과 거룩함의 흰옷을 사서 입고, 우리의 부끄러움을 가리길 원하십니다.

세 번째, '안약'을 사라고 말씀합니다. "안약을 사서 눈에 발라 보게 하라"(18절) 당시 라오디게아는 안약으로 유명한 도시였습니다. 이 말씀은 육신적인 안목이 아닌 영적인 눈으로 삶을 보라는 의미입니다. 영적으로 승리하려면 영적인 눈을 뜨고 올바른 판단을 함으로써 반드시 이겨내야 합니다.

우리의 눈이 어두워지면 분별력이 사라져 올바른 판단을 하지 못합니다. 열심히 신앙생활을 하는 것보다 올바른 신앙생활을 하는 것이 더 중요합니다. 우리 영의 눈이 밝아져야 올바른 행동을 할 수 있습니다. 예배를 드릴 때는 영적인 눈으로 바라보다가 예배를 마친 후 세상으로 나가자마자 다시금 욕망에 사로잡힌다면, 하나님이 우리를 향해 이렇게 말씀하실 것입니다.

"내가 너희를 토해내리라!"

이러한 영적 유혹을 이기기 위해 19절 말씀에서는 "그러므로 네가 열심을 내라 회개하라"고 말씀하는데, 결국은 20절 말씀에 '어떻게?'라는 문제로 귀결됩니다.

> 볼지어다 내가 문 밖에 서서 두드리노니 누구든지 내 음성을 듣고 문을 열면 내가 그에게로 들어가 그와 더불어 먹고 그는 나와 더불어 먹으리라 계 3:20

하나님께서는 20절의 말씀처럼 우리의 마음을 두드리십니다. 두드리시는 하나님의 음성을 듣고 우리가 마음을 열면 하나님은 우리와 함께 하신다고 말씀하십니다.

말씀에 근거하지 않는 은사, 열정, 성령의 역사는 인간을 교만하게 만듭니다. 또한, 하나님의 말씀을 묵상하지 않는 지식은 정말 무섭습니다.

성경에 보면 “나더러 주여 주여 하는 자마다 다 천국에 들어갈 것이 아니요”(마 7:21)라고 말씀합니다. 하나님의 말씀대로 사는 자만이 천국에 갈 수 있습니다. 우리가 어디를 가든지, 무엇을 하든지 문밖에 서서 우리의 가슴을 두드리시는 주님과 함께 진리의 영을 붙들고 이 세상을 향해 나가야 합니다. 진리의 영이 우리의 가슴을 뒤흔들고, 우리의 삶을 바꾸는 역사가 있어야 합니다.

라오디게아 교회를 끝으로 요한계시록에 언급한 소아시아 일곱 교회를 다 돌아보면서 그들을 향한 주님의 말씀을 살펴보았습니다. 당시에 교회가 일곱 개만 있었던 것은 아니었겠지만, 아마도 대표적인 교회였을 겁니다. 그들이 받았던 칭찬과 질책, 권면의 말씀은 어쩌면 당시의 교회들뿐만 아니라, 오늘날 우리 교회도 필요한 말씀입니다.

지금까지 일곱 교회의 모습을 보면서 ‘여정(旅程)’이라는 단어가 떠올랐습니다. 우리 인생에도 시간과 길이 있듯이, 삶에서 어려움과 기쁨이 같이 하듯이, 소아시아의 교회들도 그런 여정을 걷고 있다는 생각이 듭니다. 보다 중요한 것은 개인이나 교회 모두 삶과 신앙의 여정에서 어떻게 믿음으로 반응하고, 살아가느냐 하는 것입니다.

생각열기

※ 아래의 이야기를 읽고 다음의 질문에 솔직하게 대답하십시오.

미국 남북전쟁 당시 노예주와 자유주, 즉 남군과 북군으로 가르는 기준선이 되었던 메릴랜드 주와 펜실베이니아 주의 경계선이었던 랭커스터(Lancaster)에서 있었던 일입니다. 그들은 언제 누가 쳐들어올지 모르는 상황에서 마을 사람들이 이렇게 의논합니다.
"우리는 비상시를 대비하여 위에는 북군의 옷을, 밑에는 남군의 옷을 입자. 갑자기 북군이 쳐들어오면 위에 북군 옷을 입었다고 살릴 것이고, 남군이 갑자기 쳐들어오면 우리 남군의 옷을 밑에 입었다고 살릴 것이다."
그래서 그렇게 옷을 입었는데, 북군이 쳐들어와서는 밑에 입은 남군의 옷을 보고 죽였고, 남군이 쳐들어와서는 위에 입은 북군의 옷을 보고 죽였습니다. 그래서 모두 다 죽었습니다.

어떤 때는 적당히 하나님의 사람으로, 어떤 때는 적당히 세상에 속한 사람으로 살아가는 사람이 있습니다. 그러나 신앙에 회색지대란 없습니다. 그렇다면, 지금 나는 하나님만을 바라봅니까? 아니면 종종 하나님께 등을 돌리고 세상을 바라봅니까?

배워보기

라오디게아 교회 : 차지도 뜨겁지도 않은 신앙

라오디게아 지역은 교통과 상업의 중심지였고, 양털로 옷감을 만드는 산업과 금융업이 발달했습니다. 이렇게 경제적으로는 풍요했지만, 물 사정이 좋지 못해 이웃 도시에서 온천수와 지하수를 끌어다 사용해야 했습니다. 그런데 공급받는 거리가 멀다 보니 이들이 물을 마실 때가 되면 뜨겁지도, 시원하지도 않았습니다. 이러한 환경의 영향을 받아서인지 라오디게아 사람들 역시 적극적이지 못하고 늘 미온적이었습니다. 이런 경향이 교회에도, 성도들에게도 그대로 드러나 차지도 뜨겁지도 않은 신앙을 갖게 되었습니다.

[15]내가 네 행위를 아노니 네가 차지도 아니하고 뜨겁지도 아니하도다 네가 차든지 뜨겁든지 하기를 원하노라 [16]네가 이같이 미지근하여 뜨겁지도 아니하고 차지도 아니하니 내 입에서 너를 토하여 버리리라

계 3:15-16

예수님의 진단

라오디게아 지역은 무척 부유했습니다. 주후 60년경 당시의 도시들이 지진으로 폐허가 되었을 때도 라오디게아는 로마 원로원에 관례적 보조금을 청원하지 않고도 즉각 재건될 정도였습니다. 이러한 라오디게아의 교만이 기독교인들에게도 전염되어 자만의 영이 만족하게 하고 열심을 앗아가 버렸습니다. 즉 믿음이 없는 상태에서 만족이 자리 잡았던 것입니다. 그러나 주님이 보시기에 그들의 영적인 상태는 곤고하고, 가련하고, 가난하고, 눈먼 것과 벌거벗은 모습이었습니다.

네가 말하기를 나는 부자라 부요하여 부족한 것이 없다 하나 네 곤고한 것과 가련한 것과 가난한 것과 눈 먼 것과 벌거벗은 것을 알지 못하는도다 계 3:17

뜨거운 신앙을 가지라

> 네가 이같이 미지근하여 뜨겁지도 아니하고 차지도 아니하니 내 입에서 너를 토하여 버리리라 계 3:16

차가운 것을 용인하겠다는 말이 아니라, 뜨거운 신앙을 지녀야 함을 의미합니다. 그렇다고 해서 뜨겁다는 것이 무분별한 열심을 의미하지는 않습니다. '뜨거운 신앙'과 '광신'을 구별할 필요가 있습니다. 묵상 없이 열심을 내면 믿음의 방향을 잃습니다. 하나님의 말씀이 없는 열심은 위험한 신앙이 되고 맙니다.

__________이 없는 __________은 __________이 되고, 이 없는 ________은 _______________이 됩니다.

뜨거운 신앙을 위한 예수님의 권면

> 내가 너를 권하노니 내게서 불로 연단한 금을 사서 부요하게 하고 흰 옷을 사서 입어 벌거벗은 수치를 보이지 않게 하고 안약을 사서 눈에 발라 보게 하라 계 3:18

1. 우리는 ______________을 사야 합니다.

그러나 내가 가는 길을 그가 아시나니 그가 나를 단련하신 후에는 내가 순금 같이 되어 나오리라 욥 23:10

순금이 되기 위해서는 고통이 동반된 뜨거운 불을 견뎌야 하듯이 때로 우리의 삶과 신앙에는 적극적인 고난과 훈련이 필요합니다. 편안함에 안주하는 것이 아니라 적극적인 훈련의 장소로 직접 들어갈 때 우리에게 닥친 연단이 축복인지를 깨닫게 되고 믿음의 눈은 열립니다.

2. 우리는 ______을 사서 입어야 합니다.

순결함과 거룩함을 지키기 위해서는 그에 상응하는 희생이 필요합니다. 하나님은 순결하지도 거룩하지도 못했던 우리의 삶을 용서해 주시지만 하나님은 우리의 삶이 언제나 순결하고 거룩하기를 더 원하십니다.
잘못된 삶을 돌이키고 하나님의 사람으로 살아가는 수많은 간증을 들을 때면 큰 은혜가 됩니다. 그런데 하나님은 누구나 할 수 있는 간증이 아니라, 아무나 할 수 없는 간증, 그러한 거룩함과 순결한 삶을 더 귀하게 여기십니다. 대가를 지불하고서라도 순결함과 거룩함의 흰옷을 사서 입고, 우리의 부끄러움을 가리길 원하십니다.

3. 우리는 ________을 사서 눈에 발라야 합니다.

당시 라오디게아는 안약으로 유명한 도시였습니다. 이 말씀은 육신적인 안목이 아닌 영적인 눈으로 삶을 보라는 의미입니다. 영적으로 승리하려면 영적인 눈을 뜨고 올바른 판단을 함으로써 반드시 이겨내야 합니다.

내 삶에 적용하기

1. 우리의 신앙이 차갑지도 않고 뜨겁지도 않다는 것은 어떤 의미입니까?

2. 주님 보시기에 라오디게아 교회의 영적인 상태는 곤고하고, 가련하고 가난하고 눈먼 것과 벌거벗은 모습이었습니다. 그렇다면, 지금 나의 영적인 상태는 어떠합니까?

3. 예수님은 뜨거운 신앙을 유지하기 위해 불로 연단한 금과 흰옷과 안약을 사야 한다고 말씀하셨습니다. 그렇다면 나는 불로 연단한 금(훈련)과 흰옷(희생)과 안약(영적인 안목, 올바른 판단) 중 어떤 것이 필요합니까?

묵상&기도

라오디게아 교회는 주님께 '차지도 뜨겁지도 않은 교회'라는 책망을 듣습니다. 이들의 신앙은 지역의 특성과 환경의 영향을 받은 탓입니다. 그러나 주님은 곤고하고, 가련하고, 가난하고, 눈멀고, 벌거벗은 그들의 영적인 상태를 진단하시면서 불로 연단한 금과 흰옷과 안약을 사고 열심을 내어 회개하라고 말씀하셨습니다.

◆ 묵상 질문

나는 환경에 영향을 받는 사람입니까? 아니면 환경을 극복하는 사람입니까?

나의 영적인 상태를 뜨겁게 유지하기 위해 어떤 노력이 필요합니까?

◆ 깊이 묵상하기

지침

1. 주님께 질문하십시오.
2. 믿음을 가지고 그분의 응답을 기다리십시오.
3. 하나님이 응답하시면, 그것이 당신의 삶에서 갖는 의미가 무엇인지 생각해 보십시오.
4. 주님의 생각에 당신의 선택과 행동을 일치시키겠다고 구체적으로 고백하십시오.

◆ 주님과 대화하기

지침

기도 제목을 나누십시오.

| 소그룹 나눔 해답 |

첫사랑의 뜨거움으로 – 에베소 교회에게

처음 사랑, 생각, 회개, 회복

참된 부요를 알다 – 서머나 교회에게

세상의 소리, 예수님의 음성, 우리의 모든 슬픔과 아픔을 알고 계신다
부요한 자임, 고난이 영원하지 않을 것

이겨놓고 싸운다 – 버가모 교회에게

발람, 발락, 니골라, 하늘의 상급, 진리, 이겨놓고 싸우는

끝이 더 좋다 – 두아디라 교회에게

사업, 사랑, 믿음, 섬김, 인내, 멸망, 회개, 구원

죽음에서 생명으로 - 사데 교회에게

성령님, 천사, 그루터기, 이기는 자, 생각, 지켜 회개, 흰옷, 생명책, 시인

작은 능력으로 충분하다! - 빌라델비아 교회에게

시험의 때, 성전의 기둥

주님의 기대가 머물다 - 라오디게아 교회에게

묵상, 헌신, 광신, 헌신, 묵상, 마비된 신앙, 불로 연단한 금, 흰옷, 안약

잃어버린 교회를 찾아서

초판 1쇄 발행 2016년 9월 9일

지은이 | 김병삼
펴낸곳 | 교회성장연구소
발행인 | 이영훈
주 간 | 김호성
편집인 | 김형근
책임편집 | 박인순
기획 및 편집 | 최윤선
온라인 마케팅 | 김미현 · 이기쁨
디자인 | 백경찬 · 김미나
마케팅팀 | 02-2036-7935
단행본팀 | 02-2036-7928

등록번호 | 제 12-177호
주 소 | 서울특별시 영등포구 여의공원로 101 CCMM빌딩 7층 703B호
웹사이트 | www.pastor21.net
www.pastormall.net

* 책 가격은 뒤표지에 있습니다.
* 잘못 만들어진 책은 바꿔드립니다.

ISBN 978-89-8304-253-8

"무슨 일을 하든지 마음을 다하여 주께 하듯 하라." (골 3:23)
교회성장연구소는 한국의 모든 교회가 건강한 교회성장을 이루어 하나님 나라에 영광을 돌리는 일꾼으로 성장하는 것을 목표로, 목회자의 사역과 성도들의 영적 성장을 도울 수 있는 필독서들을 출간하고 있다. 주를 섬기는 사명감을 바탕으로 모든 사역의 시작과 끝을 기도로 임하며 사람 중심이 아닌 하나님 중심으로 경영한다. "무슨 일을 하든지 마음을 다하여 주께 하듯 하라."는 말씀을 늘 마음에 새겨 하나님께서 주신 사명을 기쁨으로 감당하고 있다.